Peter Schaffer-Wöhrer

Das Recht am eigenen Leben

Peter Schaffer-Wöhrer

Das Recht am eigenen Leben

Eine Rechtsgeschichte von Freitod und Sterbehilfe

Tectum Verlag

Peter Schaffer-Wöhrer

Das Recht am eigenen Leben.
Eine Rechtsgeschichte von Freitod und Sterbehilfe
Zugl.: Linz, Univ. Diss. 2008
ISBN: 978-3-8288-2529-1
Umschlagabbildung: joexx - www.photocase.com

Besuchen Sie uns im Internet
www.tectum-verlag.de

Bibliografische Informationen der Deutschen Nationalbibliothek
Die Deutsche Nationalbibliothek verzeichnet diese Publikation in der Deutschen Nationalbibliografie; detaillierte bibliografische Angaben sind im Internet über http://dnb.ddb.de abrufbar.

„Ich bin sicher, dass ich eine denkende Sache bin“

(René Descartes, 1641)

INHALTSVERZEICHNIS

ABKÜRZUNGSVERZEICHNIS

ABGB	Allgemein Bürgerliches Gesetzbuch (Österreich)
Abs	Absatz
ALR	Allgemeines Landrecht
Art	Artikel
ÄrzteG	Ärztegesetz
BGB	Bürgerliches Gesetzbuch (Deutschland)
BGBl	Bundesgesetzblatt
BGE	Entscheidung des Bundesgerichtshof
BGH	Bundesgerichtshof
BMGF	Bundesministerium für Gesundheit und Frauen
BRD	Bundesrepublik Deutschland
bspw	beispielsweise
BVerfG	Bundesverfassungsgericht
BVerfGE	Entscheidung des Bundesverfassungsgerichts
BVG	Bundesverfassungsgesetz
B-VG	Bundes-Verfassungsgesetz
bzw	beziehungsweise
CCC	Constitutio Criminalis Carolina
CCTh	Constitutio Criminalis Theresiana
dh	das heißt
dRGBl	deutsches Reichsgesetzblatt
dStGB	Strafgesetzbuch (Deutschland)
EBRV	Einführende Bemerkungen Regierungsvorlage
EGMR	Europäischer Gerichtshof für Menschenrechte
EMRK	Europäische Menschenrechtskonvention
FamZ	Zeitschrift für Familienrecht
G	Gesetz

GG	Grundgesetz
hA	herrschende Ansicht
Hg	Herausgeber
hL	herrschende Lehre
hM	herrschende Meinung
idF	in der Fassung
idR	in der Regel
insb	insbesondere
iS	im Sinne
iVm	in Verbindung mit
JAP	Juristische Ausbildung und Praxisvorbereitung
JBl	Juristische Blätter
Jhdt	Jahrhundert
JSG	Josephnisches Strafgesetzbuch
KAKuG	Krankenanstalten- und Kuranstaltengesetz
KZ	Konzentrationslager
MRK	Menschenrechtskonvention
n. Chr.	nach Christus
nlStGB	Strafgesetzbuch (Niederlande)
Nr	Nummer
NSDAP	Nationalsozialistische Deutsche Arbeiterpartei
OGH	Oberster Gerichtshof
ÖJZ	Österreichische Juristenzeitung
OR	Obligationenrecht
PatVG	Patientenverfügungsgesetz
PersFrG	Personenfreiheitsgesetz
RdM	Recht der Medizin
RStGB	Reichsstrafgesetzbuch
Rz	Randzahl

RZ	Österreichische Richterzeitung
schwStGB	Strafgesetzbuch (Schweiz)
sog	sogenannte
StG	Strafgesetz
StGB	Strafgesetzbuch (Österreich)
StGG 1867	Staatsgrundgesetz 1867
ua	unter anderem
usw	und so weiter
v. Chr.	vor Christus
va	vor allem
vgl	vergleiche
VO	Verordnung
zB	zum Beispiel
ZGB	Zivilgesetzbuch
ZP	Zusatzprotokoll

Erster Teil
Einleitung

I. Problemstellung

Das Recht eines jedes Einzelnen, selbst, bewusst und höchstpersönlich die letzte finale Entscheidung seines Lebens zu treffen und die diesbezügliche Hilfe eines anderen Menschen dabei, stellen aus philosophischer, ethischer, moralischer, gesellschaftlicher, rechtlicher als auch ökonomischer Sicht höchst kontroverse und historisch umstrittene Fragestellungen dar, welche es gilt, in vorliegender Schrift systematisch und analytisch aufzubearbeiten.

Das Recht auf den Freitod, die Entscheidung zu bestimmen, wann und wie man selbst seinem natürlichen Leben ein Ende setzt, ist ein Recht, welches weder durch Gesetze, Verordnungen oder moralische Wertvorstellungen anderer beschnitten werden kann. Es ist ein fundamentales Recht des Menschen selbst, das seine Wurzeln dort hat, wo der Mensch beginnt Mensch zu sein. Der Beginn des Menschseins ist der Beginn des Lebens schlechthin, welches nur demjenigen zusteht, der es lebt. Folglich gehört das Recht zu bestimmen, wann man diesem Leben ein Ende setzt, zu den Grundsatzentscheidungen eines jeden Einzelnen, und dieser Willensentschluss kann von niemandem Anderen beschränkt werden. Wie Immanuel Kant treffend formulierte „[...] existiert ein Ding als Naturzweck, wenn es von sich selbst [...] Ursache und Wirkung ist".[1] Dass der Mensch als rational denkendes Wesen nun in der Lage sei, sein Leben zu leben, indem er selbst Entscheidungen trifft, die auf sein Leben oder seine Lebensgestaltung Einfluss haben, impliziert auch die Entscheidung, dieses Leben, wann immer man möchte zu beenden, dies va dann, wenn einem selbst das Leben nicht mehr lebenswert erscheint. „In der Bundesrepublik Deutschland sterben jährlich etwa 900.000 Menschen [...] Mehr als die Hälfte davon stirbt in Krankenhäusern und anderen Behandlungs- oder Pflegeeinrichtungen [...]. 25 % davon sterben so, dass Pflege-

---

1 *Anzenbacher*, Einführung in die Philosophie[9] (2002) 121.

kräfte selbst von einem unwürdigen Tod sprechen."[2] Die Ursache von unwürdigem Sterben liegt meist in der Qual des Lebens- oder Todeskampfes für den Sterbenden - unheilbare Krankheiten, schmerzhafte und die natürliche Körperaktivität einschränkende Diagnosen sind nur einige Beispiele dafür. Fakt ist, dass für viele Menschen der letzte Lebensweg zum Leidesweg wird, und dass dieses endgültige Leiden menschenunwürdig ist. Der Selbstmord, oder besser gesagt die Wahl für den Freitod stellt eine Alternative für viele Betroffene dar, um aus ihrem unendlich lange wirkenden Qualzustand erlöst zu werden. Das Wort ‚Selbstmord' ist eigentlich unzutreffend für jene Entscheidung, welche eine Erlösung von diesen Zuständen bewirken soll. Selbstmord bzw Mord ist negativ besetzt und impliziert etwas Böses, etwas Verbotenes, das es gilt zu verhindern - dies nicht nur aus religiös bedingten Motiven, sondern ebenso aus ethischen oder gesellschaftlichen Gründen. Die freiwillig getroffene Entscheidung aus dem Leben zu scheiden - der Freitod - beschreibt die situative Gefühlslage der Betroffenen viel eher, sodass man nicht länger von Selbstmord, sondern von der Wahl des Freitodes sprechen sollte.[3]

Es stellen sich in diesem Zusammenhang nun die Fragen, ob zum einen ein subjektives Recht jedes Einzelnen auf die Freitodentscheidung existiert, zum anderen, ob es vertretbar sei, Menschen mit Freitodentschluss dabei zu unterstützen, würdig und ohne Leiden ihren letzten Weg zu bestreiten. „Unter einem subjektiven Recht verstehen wir ganz allgemein eine von der Rechtsordnung verliehene Rechtsmacht zur selbstbestimmten Wahrnehmung durch den Rechtsinhaber."[4] „Dieser Rechtsmacht korrespondieren notwendigerweise Rechtspflichten, die es gebieten, etwas zu tun oder zu unterlassen. Bejaht man ein Recht auf Selbsttötung, so hat der Mensch die Befugnis, etwas salopp formuliert, der Natur ins Handwerk zu pfuschen, also Hand an sich zu legen [...] Und folglich hat er nicht die Verpflichtung, der Natur ihren Lauf zu lassen

---

2 *Schell*, Sterbebegleitung und Sterbehilfe[3] (2002) 4.

3 Vgl *Minelli*, Das Recht auf den eigenen Tod, Schweizerische Juristen-Zeitung 1999, 575 (2).

4 *Larenz/Wolf*, Allgemeiner Teil des Bürgerlichen Rechts[8] (1997) 260.

und am Leben zu bleiben. [...] Verpflichteter eines Rechts auf Leben ist jedermann."[5] In der Antike war Selbstmord uU erlaubt, wenn nicht sogar unter bestimmten Bedingungen geboten.[6] Diese Einstellung änderte sich jedoch und die Selbsttötung wurde seit Thomas von Aquin zunehmend nicht mehr gebilligt.[7] Eine ähnlich positive Einstellung zur rechtlich geregelten und anerkannten Sterbehilfe vertritt auch der Schweizer Rechtsanwalt Ludwig A. Minelli, wonach sich bedingt „durch Hygiene und Medizin und die stark gestiegene Lebenserwartung der Bevölkerung ein Problem ergeben hat, welches in früheren Jahren kaum eine Rolle gespielt hat: Die Frage nämlich, ob es richtig sei, das Leben alter, kranker, leidender Personen unter Einsatz aller Möglichkeiten der pharmazeutischen und apparativen Medizin zu verlängern, oder ob solche Personen nicht ein Recht darauf haben, endlich ihren eigenen Tod sterben zu können. [...] Dies führte in der westlichen Welt zu zahlreichen Gründungen von Organisationen, welche sich für die Anerkennung des Rechts auf einen würdigen Tod und somit die Respektierung solcher Todeswünsche einsetzen."[8]

Ob die österreichische, deutsche oder schweizerische Rechtsordnung ein subjektives Recht auf den Freitod gewährt oder akzeptiert, wird ebenso ein zentraler Punkt dieser Schrift sein, wie die Beteiligung bzw Hilfeleistung beim Weg in den Freitod. Rechtlich und moralisch umstritten ist jedoch die Frage, ob bei Vorliegen von bestimmten Gründen der rechtliche Schutz des Lebens durchbrochen werden kann, dh ob eine Tötung ausnahmsweise gerechtfertigt sein kann[9] Es kann jedoch an dieser Stelle zur Beantwortung

---

5 *Bernat,* Dem Leben ein Ende setzen: Selbstmord und aktive Teilnahme am Suizid - eine rechtsethische Überlegungsskizze, ÖJZ 2002, 92.

6 Vgl *Cooper,* Greek philosophers on euthanasia and suicide, in *Brody (Hg),* Suicide and Euthanasia (1989) 9.

7 Vgl *Brinbacher,* Schoppenhauer und das ethische Problem des Selbstmords, in *Schoppenhauer-Jahrbuch 66* (1985) 115.

8 *Minelli,* Das Recht auf den eigenen Tod, Schweizerische Juristen-Zeitung 1999, 575 (1).

9 Vgl *Schmoller,* Strafrechtliche Reflexionen zur internationalen Euthanasiediskussion, ÖJZ 2000, 361.

dieser Frage festgehalten werden, dass diverse Wechselbeziehungen und Spannungen existieren, welche darauf basieren, dass „einerseits das Sterben einen intimen, persönlichen Prozess darstellt, und andererseits das Recht notwendig ist, um auch in diesem Bereich den Bürger zu schützen. Denn auch wenn wir dem einzelnen Menschen zugestehen, dass er über sein eigenes Sterben (mit-)bestimmen kann, dient das Recht dazu, das Leben des Menschen vor bestimmten Eingriffen anderer zu schützen. Es gibt nämlich nicht nur den besorgten Angehörigen oder den wohlmeinenden Arzt, der dem Sterbenden ein langes Leiden ersparen möchte, sondern auch Erben, die rasch zum Erbe kommen wollen, Pfleger, die mit der Versorgung unheilbar Kranker überfordert sind, Ärzte, die vielleicht das Leben von Sterbenskranken ausnutzen, um die Effizienz neuer Therapien oder Medikamente zu erproben, oder Krankenkassen, die zögern, teure Therapien oder Medikamente zu bezahlen."[10] Weiters handelt es sich nicht um ein rein rationales Thema, sondern ebenso um ein emotionales.[11] Auch wird die Aktualität dieses Themas durch Debatten in Deutschland, in der Schweiz und besonders durch die Gesetzgebung in den Niederlanden und Belgien deutlich. Anfang der 80er Jahre hat sich in den Niederlanden eine Rechtsprechung herausgebildet, welche unter gewissen Bedingungen die aktive Sterbehilfe Schwerkranker zum Zwecke der Leidensminderung zulässt. Bereits 1994 wurde ein diesbezügliches Gesetz erlassen, welches die formellen Erfordernisse für die Tötung auf Verlangen festlegt. Ein ähnliches Gesetz wurde auch 1996 in Australien in Kraft gesetzt, wonach auch hier unter bestimmten Voraussetzungen die Tötung Schwerkranker zulässig ist.[12]

---

10 *Kert*, Sterbehilfe - Der rechtliche Rahmen für das Ende des Lebens, JAP 2005/2006, 34.

11 Vgl *Merkel*, Tod den Idioten - Eugenik und Euthanasie in juristischer Rezeption vom Kaiserreich zur Hitlerzeit, in *Hilgendorf (Hg)*, Das Strafrecht vor neuen Herausforderungen² (2007) 11.

12 Vgl *Schmoller*, Strafrechtliche Reflexionen zur internationalen Euthanasiediskussion, ÖJZ 2000, 361.

Auch betreffend die Motivation des Sterbehelfers können unterschiedliche Gründe angeführt werden. Zum einen wäre an dieser Stelle vorrangig die Hilfe aus Mitleid mit dem Sterbenden zu erwähnen. „Er- und nur er - soll von seinen Leiden erlöst werden - ‚mercy-killing'."[13] Auch kann die Sterbehilfe aus dem Motiv der Verzweiflung oder der Überforderung des Pflegenden geschehen, wenn beispielsweise Angehörige oder Pflegende den Anblick des Schwerkranken und dessen Leiden nicht mehr ertragen können - dies aus teilweise egozentrischen Motiven.[14] Weiters können natürlich auch materielle und egoistische Interessen - wie beispielsweise eine potentielle Erbschaft - genug Motiv sein, um den Sterbewilligen tatkräftig bei seiner Entscheidung zu unterstützen. Der Kreis der potentiellen Täter besteht aus Ärzten, Pflege- oder sonstigem Behandlungspersonal, aber auch aus den Angehörigen oder dem Freundeskreis des Sterbewilligen.

Ausgehend von den unterschiedlichen Begriffsdefinitionen bezüglich Sterbehilfe und Euthanasie soll in einem ersten Schritt die Entwicklung der Strafbarkeit der Mitwirkung am Selbstmord in Österreich dargelegt werden. Nach einer überblicksmäßigen Einführung werden ausgehend vom Mittelalter und der Frühen Neuzeit die wichtigsten ‚Etappen' in der österreichischen Kodifikationsgeschichte des Strafrechts im 18. und 19. Jahrhundert besprochen. Die Constitutio Criminalis Theresiana von 1768, das Josephinische Strafgesetzbuch von 1787 und die Strafgesetze von 1803 und 1852 sollen in diesem Zusammenhang genauso Erwähnung finden, wie die Zeit Österreichs unter nationalsozialistischer Besetzung. In einem weiteren Schritt wird die derzeit geltende Rechtslage in Österreich dargestellt werden. Hier wird zum einen auf die Straftatbestände der Mitwirkung am Selbstmord und der Tötung auf Verlangen einzugehen sein, zum anderen wird die Strafbarkeit der passiven Sterbehilfe dargestellt werden, dies unter Berücksichtigung der historischen Entwicklung des Rechtfertigungsgrundes

---

13 *Eser*, Sterbehilfe und Euthanasie in rechtlicher Sicht, in *Eid (Hg)*, Euthanasie oder Soll man auf Verlangen töten?[2] (1985) 45.

14 Vgl *Eser*, Sterbehilfe und Euthanasie in rechtlicher Sicht, in *Eid (Hg)*, Euthanasie oder Soll man auf Verlangen töten?[2] (1985) 45.

der Einwilligung und der Patientenverfügung. Ein Überblick über das in Österreich herrschende Beteiligungssystem der Einheitstäterschaft und des deliktsspezifischen Tätertypus des § 78 StGB schließen diesen ersten Abschnitt ab.

Der dritte Teil beginnt ebenfalls mit einem Überblick über die historische Entwicklung des Rechtsbestandes bezüglich Sterbehilfe und Tötung auf Verlangen in Deutschland. Hier werden zum einen die deutschen Partikularrechte erwähnt sowie deren Bedeutung auf die weitere strafrechtliche Entwicklung, insbesondere des deutschen Reichsstrafgesetzbuches, dargestellt werden. Grundlegende Bedeutung kommt im 20. Jahrhundert der nationalsozialistischen Herrschaft in Deutschland zu, wobei va die ‚Euthanasie'-Gesetze und die Politik der ‚Vernichtung unwerten Lebens' zu beleuchten sein werden. Der Weg zum Strafrechtsreformgesetz 1969 sowie ein Einblick in das deutsche Teilnahmesystem sollen auf die aktuelle Rechtslage in Deutschland hinführen, wobei sowohl auf § 216 dStGB, als auch auf die durch das Teilnahmesystem bedingte Straffreiheit der Mitwirkung am Selbstmord eingegangen wird. Auch die Strafbarkeit der passiven Sterbehilfe wird in diesem Zusammenhang Erwähnung finden.

Der vierte Teil der Schrift ist der einschlägigen Strafrechtsentwicklung in der Schweiz gewidmet. Auch hier soll ein historischer Überblick den Bogen zum geltenden Recht spannen, wobei diesbezüglich va Art 115 schwStGB besprochen wird, um aufzuzeigen, inwieweit die Mitwirkung am Selbstmord und die Tötung auf Verlangen in der Schweiz zur Strafbarkeit führen können. Besonderer Bedeutung kommt in diesem Abschnitt dem sog ‚Sterbetourismus' in der Schweiz zu. Hier soll ausführlich auf die Legalität der aktiven Sterbehilfe eingegangen und auch die Entwicklung des schweizerischen Vereins ‚Dignitas' dargestellt werden.

Im fünften Teil soll auf die verfassungsrechtlichen Vorgaben und die damit verbundenen Probleme bezüglich des Rechts auf den eigenen Freitod eingegangen werden. Hier wird zum einen der aktuelle verfassungsrechtliche Regelungsbestand auf nationaler Ebene – dies aus österreichischer, deutscher und schweizerischer Sichtweise – beleuchtet werden, zum anderen der Europäischen Menschenrechtskonvention und der Entscheidung des Europäischen Gerichtshofes für Menschenrechte im Falle ‚Pretty' besondere Bedeutung zukommen. Vor allem im Hinblick auf die Legalisierung der aktiven Sterbehilfe in der Schweiz sowie der Entscheidung des schweizerischen Bundesgerichtshofes, das ‚Recht auf den Freitod' als Grundrecht anzuerkennen, wird rechtsvergleichend die aktuelle Verfassungsfrage thematisiert.

Im sechsten und letzten Teil der Schrift soll ein kurzer Überblick über die Rechtsentwicklung in anderen europäischen Staaten - va Belgien und die Niederlande - gegeben und die diesbezügliche Situation in den USA dargestellt werden.

II. Begriffsdefinitionen

Wie bereits erwähnt ist der Begriff des Selbstmordes mit negativen Wertvorstellungen besetzt, da der Mord sowohl aus kirchlicher (vgl das 5. Gebot ‚Du sollst nicht töten'), als auch aus weltlicher historischer Perspektive verpönt ist. Vielmehr trifft die Bezeichnung Freitod zu, da der Tod in diesem Falle freiwillig und selbstbestimmt eintreten soll.

Die Beteiligung an fremder Selbsttötung wird synonymhaft und pauschal im allgemeinen Sprachgebrauch als Sterbehilfe bezeichnet. Dennoch besitzt dieser Begriff zahlreiche Facetten, was vor allem durch die gängige Unterscheidung zwischen aktiver und passiver Sterbehilfe zum Tragen kommt.[15] Sowohl auf die aktive Sterbehilfe, wo Fremdtötung durch einen Dritten auf Wunsch des Sterbewilligen erfolgt, sowie auf die passive Sterbehilfe, die dadurch gekennzeichnet ist, dass durch Unterlassen von Rettungs- und Hilfsmaßnahmen der natürliche Tod nicht hinausgezögert wird, wird einzugehen sein. Ebenso sind die Begriffe der Euthanasie und der Eugenik näher zu untersuchen, wobei va Ersterer, bedingt durch die Ideologie des Dritten Reiches einer weitreichenden Begriffsänderung unterlegen ist. Auch dem Begriff Eugenik kommt

---

15 Inwiefern diese Begriffe tatsächlich geeignet sind, die Problematik sachgerecht zu erfassen, ist fraglich. Vgl *Kert*, Sterbehilfe - Der rechtliche Rahmen für das Ende des Lebens, JAP 2005/2006, 34 (3).

im historischen Zusammenhang wie auch heute noch weitreichende Bedeutung zu.

A. Freitod - Suizid

Unter Suizid versteht man gemeinhin einen unnatürlichen Tod, der auf ein bewusstes Eingreifen des Getöteten in den eigenen Lebensprozess zurückzuführen ist.[16]

Nach *Beckert* wird der Freitod durch folgende Elemente bestimmt:

- Vorausgesetzt ist ein bewusstes Verhalten des Sterbewilligen - somit ist eine fahrlässige Ausführung ausgeschlossen.
- Die erforderliche subjektive Seite der Handlung des Sterbewilligen umfasst ein Wissens- und ein Wollenselement, welche sich dadurch äußern, dass zum einen dem Suizidenten die Konsequenzen seiner Handlung bewusst sind, zum anderen er wissentlich - durch bestimmte Motive und Gründe - zu seiner Handlung fest entschlossen ist.
- Zwang und Täuschung müssen ausgeschlossen sein, dh ein Suizid liegt nicht vor, wenn der Getötete als Werkzeug gegen sich selbst benutzt wird, ohne dass sein Wille in irgendeiner Weise Ausdruck in der Selbsttötung findet.

Die Selbsttötung kann durch ein aktives Tun, indem der Sterbewillige beispielsweise tödliche Giftdosen zu sich nimmt, oder in einem passiven Unterlassen bestehen, wobei er sich zB wissentlich in eine Lage versetzt und in dieser verbleibt, die zwangsweise seinen Tod nach sich zieht.[17]

---

16 Vgl *Bernstein,* Die Bestrafung des Selbstmords und ihr Ende. Strafrechtliche Abhandlungen (1907) 1.

17 Vgl *Beckert,* Strafrechtliche Probleme um Suizidbeteiligung und Sterbehilfe unter besonderer Berücksichtigung historischer und ethischer Aspekte (1996) 7.

B. Direkte aktive Sterbehilfe

Die direkte aktive Sterbehilfe besteht in der Vornahme einer Tötungshandlung. Diese Tötungshandlung erfolgt auf Wunsch und Verlangen des Sterbewilligen. Beispielsweise geht es um das vorsätzliche Töten eines Schwerkranken durch das Setzen einer aktiven Handlung, wie beispielsweise das Verabreichen von tödlich wirkenden Medikamenten. Diese aktive Form der Sterbehilfe ist nach hM stets strafbar, denn „es würde nach unserem Verständnis den Menschenrechten ebenso wie den ärztlichen Maximen widersprechen, wollte man diese Form der Sterbehilfe erlauben."[18] Dies könnte nämlich va dazu führen, dass der behandelnde Arzt oder Pfleger auch in harmloseren Fällen zur erlösenden Spritze greift, nur weil er denkt, die weitere Behandlung wäre zu teuer oder für die Angehörigen zu aufwändig bzw der Patient selbst habe das Gefühl, seiner Umwelt nur mehr zur Last zu fallen.[19]

Der Unterschied zwischen aktiver Sterbehilfe und der Beteiligung an der Selbsttötung eines anderen liegt darin, dass bei letzterem kein aktives Tun im Sinne von aktiv Töten stattfindet. Hier liegt die Ausführungsherrschaft und die Tathandlung selbst beim Sterbewilligen - der Beteiligte unterstützt den Sterbenden rein darin, dass er beispielsweise Beschaffungen für ihn tätigt oder psychische und seelische Hilfestellung leistet.

In Österreich, Deutschland und - mit Ausnahmen - in der Schweiz ist die direkte aktive Sterbehilfe strafrechtlich verboten. In Österreich schützt § 77 StGB das Rechtsgut Leben in dieser Fallkonstellation. In Deutschland und der Schweiz bestehen analoge Tatbestände, § 216 dStGB und Art 115 schwStGB. Genaueres dazu in den folgenden Kapiteln.

---

18 *Kert*, Sterbehilfe - Der rechtliche Rahmen für das Ende des Lebens, JAP 2005/2006, 34 (4).

19 Vgl *Kert*, Sterbehilfe - Der rechtliche Rahmen für das Ende des Lebens, JAP 2005/2006, 34 (4).

C. Indirekte aktive Sterbehilfe

Bei der indirekten aktiven Sterbehilfe handelt es sich ebenfalls um die Vornahme einer aktiven Tötungshandlung, mit der Besonderheit, dass diese Handlung nicht unmittelbar zum Tode führt, diesen aber uU beschleunigt. So ist bspw das meist gebrauchte Medikament in Krankenhäusern und Pflegeheimen Morphium, das Patienten als schmerzlinderndes Mittel gegeben wird, wohlwissend, dass mit dieser Medikation mehr oder weniger lebensverkürzende Nebenwirkungen einhergehen[20]

Die Strafbarkeit der indirekten aktiven Sterbehilfe ist umstritten. Für eine Strafbarkeit spricht, dass die lebensverkürzenden Medikamente die unmittelbare Kausalität für den Tod darstellen. Diese Kausalität - ‚Medikamente sind mitursächlich für den Tod' - würde den Tatbestand des Mordes begründen.

Die hM in Österreich vertritt jedoch die Ansicht, dass diese Handlungen nicht in den geschützten Bereich der Tötungsdelikte fällt. Dies rührt daher, dass dieses Verhalten des Arztes - die Verabreichung von Medikamenten - zwar kausal zum Tode des Patienten führt, dennoch sozialadäquat und durchaus üblich ist, va dann wenn es keine medikamentösen oder behandlungstechnischen Alternativen gibt. Anders als in Österreich oder Deutschland stellt sich in Belgien oder den Niederlanden die Frage der Strafbarkeit der indirekten Sterbehilfe nicht mehr. Vielmehr wurde gesetzlich vorgegeben, unter welchen Voraussetzungen die indirekte aktive Sterbehilfe strafrechtlich unbeachtlich sein soll.[21]

D. Passive Sterbehilfe

„Unter passiver Sterbehilfe wird das Unterlassen lebenserhaltender Maßnahmen verstanden, indem solche gar nicht begonnen oder nicht fortgesetzt werden."[22] Jeder Mensch hat ein Recht auf einen

---

20 *Kert*, Sterbehilfe - Der rechtliche Rahmen für das Ende des Lebens, JAP 2005/2006, 34 (5).

21 Näheres hierzu vgl Dritter Teil der Schrift.

22 *Kert*, Sterbehilfe - Der rechtliche Rahmen für das Ende des Lebens, JAP 2005/2006, 34.

natürlichen Tod. Dies bedeutet andererseits, dass niemand das Recht hat, einen Sterbenden gegen dessen Willen am Leben zu erhalten. Ein Recht auf ein menschenwürdiges Leben korrespondiert immer mit dem Recht auf einen natürlichen, menschenwürdigen Tod.[23]

Die rechtlichen Voraussetzungen für die passive Sterbehilfe basieren va auf dem Selbstbestimmungsrecht des Menschen. Dies wird im österreichischen Strafrecht durch § 110 StGB ‚eigenmächtige Heilbehandlung' geschützt. Dennoch sind die Ärzte bei ihrer Entscheidung, den natürlichen Tod eines Patienten eintreten zu lassen, nicht völlig frei. Vielmehr orientiert sich die diesbezügliche Strafbarkeit zum einen am Vorliegen eines unausweichlich bevorstehenden Todes, denn niemand hat die Pflicht den Eintritt des natürlichen Todes zu verhindern. Zum anderen hat der Arzt den Willen des Patienten zu beachten. In Österreich besteht die Möglichkeit, dass der Patient a priori seinen Willen in einem sog Patiententestament kundtut, den der Arzt beachten muss.[24]

E. Beihilfe zum Freitod

Unter Beihilfe zum Freitod versteht man grundsätzlich mit Mitwirkung eines Dritten beim Freitod eines Anderen. Die jeweiligen Ausgestaltungen können verschieden sein. Ob man dem Sterbewilligen tödliche Medikamente zur Verfügung stellt, ihm eine Waffe besorgt oder ihm lediglich psychische und seelische Unterstützung bietet, ist gleichgültig. Gemein ist allen Fällen, dass der Dritte selbst nicht aktiv die Tötungshandlung vornimmt, sondern lediglich die Ausführung des Freitodes eines Anderen assistierend unterstützt. Die Strafbarkeit der Beihilfe zum Freitod oder der Mitwirkung daran ist jeweils länderspezifisch anders geregelt.[25]

---

23 Vgl *Geilen*, Euthanasie und Selbstbestimmung (1975) 11.

24 Genaueres hierzu siehe Kapitel C.2 im zweiten Teil der Schrift.

25 Vgl hierzu die jeweiligen Kapitel im zweiten, dritten und viertel Teil der Schrift.

F. Euthanasie

Der Begriff Euthanasie kommt aus dem Griechischen und bedeutet ‚guter Tod' oder ‚gute Tötung'. Die Antike verstand unter einem solchen guten Tod einen schnellen und schmerzlosen Tod. Weiters wurden auch der Tod eines ehrenvollen Kriegers im Kampf und der Tod eines Weisen nach tugendhafter Art so bezeichnet.[26] Auch im griechisch-hellenistischen wie auch im römischen Zeitalter hatte Euthanasie noch nicht jene Bedeutung, welcher der Hilfe zum Sterben gleichkam, sondern die des ‚felici vel hoesta morte mori' - eines ‚glücklichen und würdigen Todes' sterben.[27]

Die Bedeutung von Euthanasie hat sich über Jahrhunderte hinweg stark verändert. Der Wandel der Begriffsbedeutung zeigt sich va an folgender Definition von *Barth*. „Wir verstehen unter Euthanasie im weiteren Sinne die Beseitigung von physisch unwertem Leben, also von Geistestoten und Missgeburten, deren subjektiver und objektiver Lebenswert zu verneinen ist, aus eugenischen, rassehygienischen und wirtschaftlichen Gründen, unter Beobachtung gewisser, jeden Missbrauch ausschließenden Kautelen, in schmerzloser humaner Form."[28] Diese Definition ist va im Zusammenhang mit der nationalsozialistischen Herrschaft von Bedeutung. Im Dritten Reich verstand man Euthanasie als Inbegriff der ‚Reinigung der Volksgemeinschaft'. Das Ziel bestand in der Vernichtung lebensunwerten Lebens, um eine Aussonderung von rassisch unerwünschten Leben vorzunehmen. Auch wurde die Vernichtung gesellschaftlich nicht erwünschter Menschen, wie Geisteskranke oder Homosexuelle, unter dieser Politik betrieben.

Heute finden wir va folgende Bedeutungen des Euthanasiebegriffs:

- Euthanasie ohne Lebensverkürzung im Sinne von psychischer und emotionaler Sterbebegleitung,

---

26 Vgl *Knops*, Die Verantwortung der Kirche in der Euthanasie-Frage (2001) 13.

27 Vgl *Eid*, Geschichtliche Aspekte des Euthanasieproblems, in *Ders. (Hg)*, Euthanasie oder soll man auf Verlangen töten? (1975) 12.

28 *Barth*, Das Problem der Vernichtung lebensunwerten Lebens (1926) 62.

- Euthanasie durch passives Sterbenlassen, d.h. durch das Nichtverhindern des natürlichen Todes,
- Euthanasie mit Lebensverkürzung als Nebenwirkung im Sinne der indirekten aktiven Sterbehilfe durch Verabreichung lebensverkürzender, schmerzlindernder Medikation sowie
- Euthanasie mit gezielter Lebensverkürzung, die vom Arzt aktiv herbeigeführt wird, mit oder ohne Wunsch des Betroffenen.[29]

G. Eugenik

Der Begriff Eugenik kann kurz und prägnant als ‚Menschenzucht' verstanden werden. Aber auch bezüglich Eugenik finden sich in der Literatur die diversesten Definitionen. Der Begriff Eugenik stammt ursprünglich vom britischen Anthropologen Francis Galton[30] aus dem Jahre 1883. *Galton* verstand darunter das Studium aller Faktoren, die die Rasseneigenschaften künftiger Generationen verbessern oder verschlechtern können. Durch bestimmte genetische und biologische Manipulationen und auch durch die Verhinderung der Fortpflanzung Kranker bzw der Begünstigung der Fortpflanzung Gesunder, sollte versucht werden, die Erbanlagen der nächsten Generationen zu verbessern.

Nach *Elster* ist die Eugenik ein Begriff aus den Sozialwissenschaften und der Biologie, welcher auch rechtliche Bedeutung zukommt. Das Ziel der Eugenik ist die Reinhaltung der Menschheit gegenüber Schädlichem und die Weiterentwicklung einer besseren Gesellschaft. Die Eugenik will durch Auslese und Anpassung in physischer Hinsicht die menschliche Rasse verbessern und vor Entartung schützen.[31]

---

[29] Vgl *Knops*, Die Verantwotung der Kirche in der Euthanasie-Frage, in Kollmann, Elementa Theologiae - Arbeiten zur Theologie und Religionspädagogik (2001) 14.

[30] 1822-1911.

[31] Vgl *Elster*, Eugenik und Recht (1927) 362.

Besondere Bedeutung erlangte der Begriff Eugenik im Dritten Reich, wo ua durch Zwangssterilisationen versucht wurde, die künftigen Generationen der arischen Rasse vor schädlichen genetischen Einflüssen zu schützen. Wichtige Vordenker waren in diesem Zusammenhang Ernst Haeckel und Alfred Ploetz, wie auch Karl Binding, welcher den Wert des menschlichen Lebens einer positiven bzw negativen Wertung zugänglich machen wollte. Auch in den Vereinigten Staaten von Amerika wurden sogar bis in die 70er Jahre des 20. Jahrhunderts hinein Zwangssterilisationen von Schwerverbrechern durchgeführt. Ähnliche Zwangssterilisationen fanden sich auch in Schweden, Dänemark oder Finnland. Selbst in der Schweiz wurde ein eugenisch orientiertes Zwangssterilisationsgesetz erst 1985 aufgehoben.

Im heutigen Kontext wird der Begriff Eugenik insbesondere mit sämtlichen Vorkehrungen im Bereich der Präimplantationsdiagnostik, d.h. im Bereich der Diagnostik im Frühstadium einer Schwangerschaft und die diesbezügliche Abtreibung für den Fall, dass genetische Fehlbildungen beim ungeborenen Kind entdeckt werden, in Verbindung gebracht. Auch die mögliche Zwangssterilisation von Sexualstraftätern, dies insbesondere bei Rückfallstätern, führte in letzter Zeit immer wieder zu heftigen politischen und rechtlichen Diskussion.

Zweiter Teil

Die Entwicklung der Strafbarkeit der Mitwirkung am Selbstmord in Österreich

I. Einführung

In diesem Teil soll einerseits auf die historische Entwicklung der Selbsttötung und der Sterbehilfe ausgehend von der Antike, über das Mittelalter und der frühen Neuzeit bis hin zu den neuzeitlichen Entwicklungen eingegangen werden, andererseits soll auch die rechtliche Situation in den jeweiligen historischen Epochen beleuchtet werden, dies unter Berücksichtigung der Meinungen und Stellungnahmen des Diakonats[32], der katholischen und der evangelischen Kirche.

II. Historische Entwicklung der Sterbehilfe

A. Sterbehilfe und Euthanasie - Von der Antike bis zum Spätmittelalter

Von mehreren Rechtsquellen ausgehend kann man heute mit hoher Wahrscheinlichkeit behaupten, dass Selbstmord in der Antike und im Mittelalter eine erhebliche Rolle gespielt hat, jedoch die Meinungen bezüglich Sterbehilfe und Euthanasie - va aus moralischer und ethischer Sicht - auseinander gingen.

1. Antike

a) Allgemeines und historisches Umfeld

Als Antike bezeichnet man die Zeitspanne des Altertums von etwa 800 v. Chr. bis etwa 600 n. Chr. Unheilbar Kranke waren auch in der Antike keine Seltenheit. Nicht selten gab es Menschen, die aus diesen - oder auch anderen Motiven und Gründen - beschlossen haben, ihr Leben zu beenden. Grundsätzlich weigerten sich antike Mediziner unheilbar Kranke zu behandeln, dennoch gab es Fälle, in

---

32 Diakonat iSv ‚Diener' und ‚Helfer' nach dem Beispiel Jesu, wie bspw der kirchliche Dienst der Nächstenliebe, die Seelsorge in den Gemeinden oder die Betreuung von Alten, Kranken und Sterbenden.

denen der Arzt sich dazu bereit erklärte, Sterbenden eine Behandlung zukommen zu lassen.[33] Dass es Anfragen von Todkranken bezüglich der Tötung auf Verlangen bzw Beihilfe zur Selbsttötung gab, beweist der hippokratische Eid der Ärzte, welcher ein solches Verhalten verbietet. „Der Text des hippokratischen Eides (um 400 v. Chr.) belegt, dass aktive Sterbehilfe bei Ärzten jedenfalls angefragt und vermutlich auch vereinzelt praktiziert wurde. Die eidliche Verpflichtung des Arztes, niemandem, auch auf eine Bitte nicht, ein tödlich wirkendes Gift zu geben und auch keinen Rat zu erteilen, beschreibt aus heutiger juristischer Perspektive - je nach Tathergang - sowohl die strafbare Tötung als auch die [in Deutschland] straffreie Beihilfe zur Selbsttötung."[34]Auch gab es in der Antike Fälle von Infantizid, die Praxis der Aussetzung von behinderten bzw unerwünschten Kindern durch ihre Eltern, beispielsweise in der Nähe eines Tempels.[35]

b) Griechische Antike

Griechische Philosophen befassten sich mit der Thematik der Selbsttötung, va Platon, Aristoteles, Stoiker und Epikureer. Platon[36] stand der Selbsttötung grundsätzlich ablehnend gegenüber, ließ aber Ausnahmen zu. Er betrachtete den Menschen als göttliches Eigentum, als Wächter, welcher seinen Posten nicht vorzeitig und eigenmächtig verlassen durfte. Die Ausnahmen, in welchen Platon Selbsttötung positiv bewertete und zuließ, waren ua gottgeschickte Selbsttötungsempfehlungen[37], tragische Schicksalsschläge, große Schande und unheilbare verbrecherische Triebhaftigkeiten.[38]

---

33 Vgl *Benzenhöfer*, Der Gute Tod? Euthanasie und Sterbehilfe in Geschichte und Gegenwart (1999) 13.

34 *Schumann*, Dignitas - Voluntas - Vita, Überlegungen zur Sterbehilfe aus rechtshistorischer, interdisziplinärer und rechtsvergleichender Sicht (2006) 9.

35 Vgl *Benzenhöfer*, Der Gute Tod? Euthanasie und Sterbehilfe in Geschichte und Gegenwart (1999) 14.

36 427-347 v. Chr.

37 Hierunter sind göttliche Anweisungen und Empfehlungen zu verstehen, wonach bei Vorliegen bestimmter Umstände, wie ein schwerer Schicksals-

Aristoteles war der Ansicht, dass die Absicht der Selbsttötung nicht gegen sich selbst gerichtet ist, sondern vielmehr gegen das Gemeinwesen, die Polis und die Obrigkeit, denn nach Aristoteles war die Zugehörigkeit des Individuums zur Gemeinschaft Voraussetzung für sein autarkes Handeln. Auch die Selbsttötung aus Liebeskummer oder Armut verurteilte Aristoteles als Feigheit. Ausnahmen stellten auch für Aristoteles eine schwere Erkrankung oder Schicksalsschläge dar.[39]

Im Gegensatz zu Platon und Aristoteles sprachen sich die Stoiker und die Epikureer explizit für die Legalität der Selbsttötung aus. Nach den Stoiker war die Wahl des Freitodes der letzte Weg in die Freiheit, für die Epikureer stand an oberster Stelle, menschliches Leid und Schmerzen zu vermeiden, womit beide Ansichten die Selbsttötung und auch die aktive Sterbehilfe für guthießen. Dies deshalb, weil ihnen eine ‚Pflicht zu leiden' fremd war und das Weiterleben nur dann lebenswert war, wenn es naturgemäß, dh ohne Leiden von sich ging. Der Tod wurde somit nicht als Unglück verstanden, sondern als Erlösung aus dem Leid.[40]

c) Römische Antike

Neben der griechischen Kultur entstand in Rom im 7. Jahrhundert v. Chr. eine zweite Antike, welche gleichfalls prägend und beeindruckend war. Durch die Eroberung der hellenistischen Welt etwa 50 v. Chr. und die diesbezügliche führende Rolle Roms, lebte das griechische Kulturgut weiter. Hier ist va die Philosophieströmung

---

schlag, große Schande oder große Verbrechen eine Selbsttötung von Gott gewollt erschien.

38 Vgl *Beckert*, Strafrechtliche Probleme um Suizidbeteiligung und Sterbehilfe unter besonderer Berücksichtigung historischer und ethischer Aspekte (1996) 29.

39 Vgl *Beckert*, Strafrechtliche Probleme um Suizidbeteiligung und Sterbehilfe unter besonderer Berücksichtigung historischer und ethischer Aspekte (1996) 31.

40 Vgl *Beckert*, Strafrechtliche Probleme um Suizidbeteiligung und Sterbehilfe unter besonderer Berücksichtigung historischer und ethischer Aspekte (1996) 34.

der Stoiker zu erwähnen, welche keine Einwände gegen den Freitod und die passive Sterbehilfe hatten, sofern kein vernünftiges und schmerzfreies Leben mehr geführt werden konnte.[41]

Seneca[42] ging sogar noch einen Schritt weiter und befürwortete die ‚Pflicht' zur Selbsttötung, wenn Alter oder Krankheit Teile des Geistes zerstörten.[43] Allerdings ist zu Seneca noch zu bemerken, dass bloß körperliche Leiden und Schmerzen, welche den Geist nicht beeinflussten, diese Pflicht nicht begründeten.[44]

d) Rechtliche Situation in der Antike

Rechtliche Regelungen betreffend die Strafbarkeit des Freitodes bzw die Beteiligung daran gab es weder im antiken Griechenland noch im antiken Rom. In Griechenland konnte die Polis-Gemeinschaft die Selbsttötung eines Menschen für achtenswert anerkennen, wenn dieser seine Motive einer staatlichen Stelle bekannt gab. Bei gesellschaftlich anerkannten Gründen wurde der Freitod förmlich erlaubt und er erhielt uU auch tödliches Gift für sein Vorhaben. ‚Nicht-genehmigte' Freitodentscheidungen wurden sanktioniert, indem der Verstorbene durch nicht übliche Begräbnispraktiken diskriminiert wurde. Betreffend die Strafbarkeit der Beihilfe zum Suizid finden sich nur vereinzelt Quellenangaben. So wurde verlangt, missgebildete Neugeborene zu töten; auch die aktive Tötung eines Todkranken war rechtlich erlaubt, obwohl der hippokratische

---

41 Vgl *Beckert*, Strafrechtliche Probleme um Suizidbeteiligung und Sterbehilfe unter besonderer Berücksichtigung historischer und ethischer Aspekte (1996) 37.

42 4 v. Chr. - 65 n. Chr.

43 Eine ähnliche Ansicht teilte auch der römische Kaiser Marc Aurel (121 n. Chr. - 180 n. Chr.), welcher sich ebenso für die ‚Pflicht zum Freitod' unter bestimmten Umständen aussprach, dies va dann, wenn das Leben durch Leid als unerträglich angesehen wurde.

44 Vgl *Beckert*, Strafrechtliche Probleme um Suizidbeteiligung und Sterbehilfe unter besonderer Berücksichtigung historischer und ethischer Aspekte (1996) 39.

Eid dagegen sprach[45]. Grundsätzlich wurden Tötungsdelikte als ‚graphe' (Verbrechen gegen die Polis) bestraft. Die Strafe für Totschläger oder Mörder wegen ‚Verunreinigung der Gemeinschaft durch Blutschuld' war meist das Exil.[46]

Bezüglich der Strafbarkeit des Freitods und der Mitwirkung am Freitod im antiken Rom lassen sich im Wesentlichen die Ausführungen zum antiken Griechenland wiederholen. Diejenigen, welche einen missglückten Freitodversuch unternommen haben sowie Mörder und Totschläger wurden in der römischen Frühzeit öffentlich gekreuzigt und den Tieren zum Fraß vorgeworfen.[47] Bezüglich des Freitodversuchs ist dies jedoch historisch nicht eindeutig nachweisbar. Eine andere Meinung vertritt auch die Ansicht, dass das klassische römische Recht Selbstmord tolerierte und prinzipiell denselben als ein natürliches Recht jedes einzelnen Menschen - den Zeitpunkt seines Todes bestimmen zu dürfen - ansah. Jeder, der sich selbst töten wollte, musste zunächst seine Motive und Gründe dafür beim Senat vorbringen. Die Selbsttötung wegen unheilbaren physischem oder psychischen Leid, Geistesgestörtheit oder aus tiefer Trauer sollte nach der Auffassung der Römer nicht strafbar sein.[48] Es wurde auch dem Suizidenten eine heldenmütige Seele zugesprochen, sofern er aus achtens- und ehrenwerten Motiven handelte. Auch Sklaven, welche die Römer eigentlich als Sache ansahen, durften über ihren Tod selbst bestimmen, „obwohl ja schon allein ein Selbstmordversuch eines Sklaven einen Vermögensschaden für seinen Herrn bedeutete."[49] Im Gegensatz dazu wurde je-

---

45 Vgl *Beckert*, Strafrechtliche Probleme um Suizidbeteiligung und Sterbehilfe unter besonderer Berücksichtigung historischer und ethischer Aspekte (1996) 36.

46 Vgl *Benzenhöfer*, Der Gute Tod? Euthanasie und Sterbehilfe in Geschichte und Gegenwart (1999) 23.

47 Vgl *Czinczoll*, Solidaritätspflichten bei der Selbsttötung (1984) 9.

48 Vgl *Vandekerchhove*, On the Origins of the Punishment of Suicidial Behaviour in Old-European Law - Historical versus Sociological Explanation, European Journal of Crime Criminal Law and Criminal Justice (1999) 321.

49 *Dellemann*, Die Entkriminalisierung des Suizids im 18. Jahrhundert (2002) 3.

doch der Freitod eines Soldaten, der sich nur aufgrund eines anstehenden Krieges - aus Feigheit an der Teilnahme daran - selbst richtete, bestraft.[50] Ob die Tötung auf Verlangen in der Antike strafbar war, ist umstritten. Grundsätzlich wird angenommen, dass sie straflos geblieben ist. Dies folgert man ua aus der Tatsache, dass auch in Rom die Tötung von missgebildeten Kindern vorgesehen war.[51]

2. Mittelalter

a) Historisches Umfeld und die Rolle der katholischen Kirche

Als Mittelalter bezeichnet man die Zeitspanne zwischen 500 und 1500, wobei das Mittelalter grundsätzlich in Früh-, Hoch- und Spätmittelalter unterteilt werden kann.[52] Selbsttötung stellte im Frühmittelalter keine Seltenheit dar und galt unter bestimmten Voraussetzungen auch nicht als verächtlich, sondern wurde mitunter sogar erwartet.[53] Erst mit dem Einfluss des Christentums, den Prinzipien des Mitleids und der Nächstenliebe (misericordia und caritas) sowie der Überzeugung, dass das Leben von Gott stamme und es dem Menschen nicht zustehe, über Geburt und Tod selbst zu entscheiden[54], änderte sich die Einstellung gegenüber Freitod und Tötung auf Verlangen konsequent. Nach der katholischen Kirche ist für die mittelalterliche Gesellschaft charakteristisch, dass diese durch eine gottgewollte ständische Ordnung geprägt ist und somit eine natürliche gesellschaftliche Differenzierung stattfindet.

---

50 Hierbei bestand ua in der Zeit von Kaiser Hadrian die Möglichkeit, das Vermögen des Selbstmörders gesetzlich zu konfiszieren.

51 Vgl *Czinczoll*, Solidaritätspflichten bei der Selbsttötung (1984) 14.

52 Unterteilung des Mittelalters in die germanische Zeit (bis 500 n. Chr.), das Frühmittelalter (6 - 10 Jhdt.), das Hochmittelalter (10 Jhdt. - 1250) und das Spätmittelalter (1250 - Ende 15. Jhdt.); Vgl *Floßmann/Kalb*, Geschichte des öffentlichen Rechts I[3] (2004) 19.

53 Vgl *Baumgarten*, The Right To Die? Rechtliche Probleme um Sterben und Tod (2000) 108

54 Vgl *Zimmermann*, Die „Heiligkeit des Lebens - Geschichte der Euthanasie in Grundzügen", in *Frewer (Hg)*, Euthanasie und die aktuelle Sterbehilfe-Debatte - Die historischen Hintergründe medizinischer Ethik (2000) 27.

Arbeitslosigkeit, Krankheit oder Alter können dazu führen, dass diese Menschen aus dem System der Ständeordnung herausfallen und letztendlich zu den Bedürftigen zählen, welche ihr Leben durch Almosen bestreiten müssen.[55] Der Ansicht der Kirche folgend, entzog sich das mittelalterliche System der sozialen Sicherung „den Kriterien der Logik rationaler Mittelverteilung aufgrund eines ermittelten Überblicks über das quantitative und qualitative Ausmaß der Notlagen, denn [...] vielmehr obliegt es dem Betroffenen, seinen Bedarf selbst zu erbetteln."[56] Dies bedeutet, dass die katholische Kirche auch bei Armut, Siechtum und sonstigen Leiden und Gebrechen keinen Suizid tolerierte. Dennoch gab es auch von der katholischen Kirche anerkannte Formen und Fälle der Sterbehilfe. Diese erfolgte va bei Kindern, ‚die das Bild Gottes nicht zeigen'[57] durften. Es war erlaubt, diese Kinder nach der Geburt zu töten, sofern der zuständige Bischof dazu zustimmte.[58]

b) Rechtliche Beurteilung und der Einfluss der Diakonie und des Christentums

Im Mittelalter existierte vorrangig das ältere heimische Recht in Form des Gewohnheitsrechts. Es lebte in den Gewohnheiten der Verbände und hatte die Eigenart eines Fallrechts. Es wurde hauptsächlich mündlich überliefert, schriftliche Aufzeichnungen traten erst später hinzu. Ein gesatztes Recht von Trägern hoheitlicher Gewalt war im Mittelalter die Ausnahme, was zur Rechtsunsicherheit und zur Rechtszersplitterung führte. Jeder Rechtsgenosse blieb seinem Recht unterworfen, ganz gleichgültig, wo er sich aufhielt (sog Personalitätsprinzip).

---

55 Vgl *Knops*, Die Verantwortung der Kirche in der Euthanasie-Frage (2001) 19.

56 *Knops*, Die Verantwortung der Kirche in der Euthanasie-Frage (2001) 20.

57 Darunter sind va Kinder mit erheblicher geistiger oder körperlicher Behinderung zu verstehen; Vgl *Hein*, Christliche Kirchen und Behinderung (1983) 30.

58 Vgl *Knops*, Die Verantwortung der Kirche in der Euthanasie-Frage (2001) 20.

Die ersten Rechtsaufzeichnungen waren die sog Stammes- und Volksrechte. Beispiele für dieses frühe gesatztes Recht sind die ‚Lex Salica'[59], welche auf Anordnung des Merowingerkönigs Chlodwig I. erlassen wurde, die ‚Lex Baiuvariorum', in Vorarlberg die ‚Lex Alamannorum', im südlichen Vorarlberg die ‚Lex Romana Curiensis' und in Tirol und Triest die langobardischen Edikte.[60] Was die rechtliche Beurteilung des Freitods betrifft, so lässt sich sagen, dass die Germanen die Selbsttötung und die Tötung auf Verlangen bei Vorliegen starker körperlicher Schmerzen als richtige Alternative ansahen, da langes Leiden und Siechtum als unrühmlich galt.[61] Eine Tötung auf Verlangen kam in der Regel aber nur dann in Betracht, wenn dies Schwerverwundete begehrten, die der Gefangennahme durch den Feind entgehen wollten.[62] Generell galt für die Germanen der Grundsatz, dass jeder Mensch frei über seine Rechtsgüter verfügen könne - auch über das Rechtsgut Leben.

Betreffend die Strafbarkeit der Tötung auf Verlangen lässt sich vorerst deren Straflosigkeit festhalten. Für die Straflosigkeit der Tötung auf Verlangen spricht, dass meist die Angehörigen des Getö-

---

59 Die Lex Salica (pactus legis salicae) ist das berühmteste germanische Stammesrecht, denn es gibt weit über 60 Handschriften und weit über 8 Fassungen dieses Werkes. Sie gehört formell zur Konsensgesetzgebung und weist zwei ungleiche legislative Typen auf: Die Bußtitel (galten als Friedenssicherung und der Unantastbarkeit des Rechts und der Rechtsgüter) und die Konstitution (diese gestaltete den Rechtsweg und Ausschnitte der sozialen Lebensordnung); Vgl *Saygin*, Strafrechtsgeschichte - Eine Quellenexegese von Teilen der Lex Salica, der Constitutio Criminalis Carolina und Beccaria (2006) 2.

60 Diese Volksrechte wurden durch fränkische Kapitulariengesetze ergänzt. Weiters entwickelten sich in den einzelnen Erbländern ständische Privilegien, Ortsstatuten, Stadtrechte, Landfriedensgesetze sowie bäuerliche Rechtsquellen (wie ua der Schwabenspiegel); Vgl *Hellbling*, Grundlegende Strafrechtsquellen der österreichischen Erbländer vom Beginn der Neuzeit bis zur Theresiana (1996) 2.

61 Vgl *Czinczoll*, Solidaritätspflichten bei der Selbsttötung (1984) 15.

62 *Beckert*, Strafrechtliche Probleme um Suizidbeteiligung und Sterbehilfe unter besonderer Berücksichtigung historischer und ethischer Aspekte (1996) 42 f. Vgl näher *Klenner*, Die Tötung auf Verlangen im deutschen und ausländischen Strafrecht sowie de lege ferenda (1925) 13.

teten aufgrund der vorliegenden Verzeihung des Täters durch den Getöteten von der Blutrache absahen. Auch sind Fälle bekannt, in welchen die Blutrache durch die Angehörigen nicht stattfand, selbst dann, wenn die Tötung des Opfers gegen oder ohne dessen Willen geschah. Dies erklärt sich dadurch, dass die Angehörigen die Tötung unter bestimmten Umständen für verzeihlich hielten.[63]

Mit voranschreitender Christianisierung und vermehrtem Einfluss der katholischen Kirche auf die weltliche Herrschaft veränderte sich auch die rechtliche Beurteilung des Freitods und der Beteiligung daran. „Die Anschauungen des Christentums bringen im Laufe der Zeit eine wörtlich zu verstehende ‚Verteufelung' des Suizids mit sich."[64] Nach christlicher Auffassung ist das Leben ein von Gott anvertrautes Gut und nur von ihm kann das Leben zurückgenommen werden. Somit verstießen nach Auffassung der Kirchenväter Tertullian und Origenes der Suizid und die Tötung auf Verlangen, aber auch die Tötung im Krieg und die Todesstrafe gegen das Gebot Gottes. Auch der Infantizid wurde als schweres Verbrechen gegen die Menschheit betrachtet.[65] Besonders Augustinus kritisierte die Selbsttötung. Er verurteilte den Freitod ‚als unrechtmäßigen Übergriff' auf die Schöpfungsordnung Gottes. Für ihn war das 5. Gebot auch auf das eigene Leben anwendbar.[66]

In Analogie zur negativen Einstellung der katholischen Kirche zum Suizid selbst, wurde auch die Sterbehilfe oder die Tötung auf Verlangen von der Kirche als Unrecht kritisiert und so behandelt.[67]

---

63 Vgl *Klenner*, Die Tötung auf Verlangen im deutschen und ausländischen Strafrecht sowie de lege ferenda (1925) 13.

64 *Baumgarten*, The Right To Die? Rechtliche Probleme um Sterben und Tod (2000) 108.

65 *Beckert*, Strafrechtliche Probleme um Suizidbeteiligung und Sterbehilfe unter besonderer Berücksichtigung historischer und ethischer Aspekte (1996) 48.

66 Vgl *Bernstein*, Die Bestrafung des Selbstmordes und ihr Ende (1907) 49.

67 Das neue Testament lehnt Sterbehilfe ausdrücklich ab. Vgl beispielsweise Römer 7,24 wo gefragt wird, ‚wer erlöst mich von diesem todgeweihten Leibe', so muss doch die Sterbehilfe nach christlichem Verständnis unterbleiben, da auch ‚der verglimmende Docht' nicht zerbrochen werden

Obwohl die ersten Christen den Freitod nicht als Sünde betrachteten, sondern als Erlösung, um aus dem irdischen ‚Tal der Tränen' ins ewige Leben zu gelangen,[68] und alt-christliche Interpretationen[69] die aktive Sterbehilfe als erlaubt ansahen, verfestigte sich die negative Einstellung der Kirche im Mittelalter. Die Verfolgung von Selbstmördern und jener, die Sterbehilfe leisteten, wurde zur Manie. Bestrebungen anerkannter Kirchenführer wie Ambrosius, Eusebius und Chrysostomos, bestimmte Ausnahmen vom Verbot der Selbsttötung zu machen.[70] Die Kirche blieb der Ansicht von Augustinus treu, dass Selbstmord immer mit Mord gleichzusetzen sei.[71] Thomas von Aquin[72] formte aus augustinischen und aristotelischen Ansätzen ein geschlossenes christliches Weltbild und leitete die Sündhaftigkeit des Suizids nicht nur aus dem 5. Gebot ab, sondern sah darin auch einen Verstoß gegen das Naturrecht. Er berief sich zur Untermauerung seiner Ansicht auf drei Argumente: Verstoß gegen das Naturrecht[73], Verstoß gegen Gottes Wille[74] und Verstoß

---

kann. Oder es bittet im alten Testament Saul in 2 Sam 1, 9 um den Gnadenstoß, und der Jüngling, der den sterbenden Saul daraufhin aus Mitleid tötet, wegen dieses schweren Vergehens von einem Jünger Davis erschlagen wurde. In der Bergpredigt wurde das ausdrückliche alttestamentliche Tötungsverbot betont. und es wurde nicht nur die Tötung selbst, sondern auch generell die feindliche Einstellung zum Mitmenschen untersagt. Vgl *Benzendorfer*, Der Gute Tod? Euthanasie und Sterbehilfe in Geschichte und Gegenwart (1999) 51.

68 Vgl *Vandekerckhove*, On the Origins of the Punishment of Suicidal Behaviour in Old-European Law - Historical versus Sociological Explanation (1999) 324.

69 Vgl *Beckert*, Strafrechtliche Probleme um Suizidbeteiligung und Sterbehilfe unter besonderer Berücksichtigung historischer und ethischer Aspekte (1996) 51.

70 Ein Beispiel dafür ist ua der Freitod einer Frau, welche sich aufgrund einer missbrauchsbedingten Ehrenverletzung das Leben genommen hat.

71 Vgl *Dellemann*, Die Entkriminalisierung des Suizids im 18. Jahrhundert (2002) 4.

72 1225–1274.

73 Jedes Lebewesen ist gem dem Naturrecht mit einem Selbsterhaltungstrieb ausgestattet und der Suizid stehe dieser Neigung entgegen.

74 Der Mensch ist Gottes Eigentum und der Suizid eine Störung desselbigen.

gegen die Gemeinschaft.[75] Durch Aquins philosophische Werke wurde die Sündhaftigkeit der Selbsttötung zum allgemein verbindlichen Leitsatz der mittelalterlichen Kirche. Die weltliche Obrigkeit war daher verpflichtet, Selbstmörder entsprechend den kirchlichen Vorgaben zu bestrafen und jene, die dazu Hilfe leisteten zu verfolgen.[76]

Die Bestrafung von Selbstmördern war zweiseitig und von örtlichen Riten beeinflusst. Zuerst bestand sie in einer physischen, äußeren Verstümmelung des Leichnams in aller Öffentlichkeit als symbolischer Vollzug der Todesstrafe, danach kam die sog Erbstrafe, dh dass sämtliche Vermögensgegenstände des Verstorbenen für verfallen erklärt wurden und an den Staat gingen.[77]

B. Sterbehilfe und Euthanasie in der Frühen Neuzeit

1. Historisches und philosophisches Umfeld

Als frühe Neuzeit bezeichnet man die Zeitspanne von etwa 1500 bis 1740. Prägend für diese Zeit war der allmähliche Übergang vom theozentrischen zum anthropozentrischen Weltbild. Die Orientierung zu freieren antiken Lebensformen einerseits und das Beharrungsvermögen traditioneller Ordnungsmächte andererseits schufen eine Umbruchsituation, die zu gewaltigen kriegerischen Auseinandersetzungen, vor allem in der ‚Religionsfrage' führten. So ist es zu erklären, dass aufgrund des Krieges und des epidemiebedingten Massensterbens in der Renaissance Wünsche nach einem ‚schönen Tod' aufkamen. Die Philosophen Thomas Morus[78] und

---

[75] Hierbei beruft sich Aquin auf die Zugehörigkeit des einzelnen zum Ganzen als ein Teil dessen, womit der Selbstmörder sich seinen sozialen Pflichten nicht entziehen dürfe.

[76] Vgl *Beckert*, Strafrechtliche Probleme um Suizidbeteiligung und Sterbehilfe unter besonderer Berücksichtigung historischer und ethischer Aspekte (1996) 55.

[77] Vgl *Vandekerckhove*, On the Origins of the Punishment of Suicidal Behaviour in Old-European Law - Historical versus Sociological Explanation (1999) 318.

[78] 1478–1535.

Francis Bacon[79] sind die bedeutendsten Vertreter der Euthanasiedebatte in jener Zeit. In seinem Werk ‚Utopia' von 1516 beschreibt Thomas Morus die aktive Sterbehilfe so, wie sie auch heute noch verstanden wird. Nach Morus soll dem Sterbewilligen Mut zugesprochen werden, damit dieser in den Tod gehe.[80] Er griff damit alte Vorstellungen der Stoa wieder auf, welche der Ansicht waren, dass Priester und Behörden den Patienten bei schmerzvollen und unheilbaren Krankheiten beeinflussen sollten, damit dieser beschließt, sich selbst von seinen Leiden zu erlösen. Man sollte ihm Mut zusprechen und ihn unterstützen, wenn er beschließt sein Leben zu beenden oder jemanden anderen dazu um Hilfe bittet, denn er handelt hierbei weise.[81] Francis Bacon forderte, dass der Arzt nicht nur sein medizinisches Fachwissen zur Behandlung von Kranken einzusetzen hat, sondern auch dafür Sorge trage, die Todesqualen zu lindern.

Die medizinische Wissenschaft wurde mit diesem Thema konfrontiert und aufgefordert, das Sterben zu erleichtern.[82] Bacon unterschied zwischen ‚euthanasia interior' und ‚euthanasia exterior'. Ersteres bedeutete die seelische Vorbereitung des Sterbenden auf den Tod, welche durch Theologen und Philosophen durchgeführt werden sollte, Zweiteres die medizinische Hilfe des Arztes, um ohne Qualen aus dem Leben zu scheiden. Bacon befürwortete nicht die aktive Tötung, sondern die indirekte aktive Sterbehilfe und hieß die Sterbebegleitung für gut.[83]

---

79 1561–1626.

80 Vgl *Knops*, Die Verantwortung der Kirche in der Euthanasie-Frage (2001) 21

81 Vgl *Morus*, Utopio, in *Grassi (Hg)*, Der utopische Staat (1960) 77.

82 Vgl *Eid*, Geschichtliche Aspekt des Euthanasieproblems, in *Eid (Hg)*, Euthanasie oder soll man auf Verlangen töten? (1975) 12.

83 Vgl *Beckert*, Strafrechtliche Probleme um Suizidbeteiligung und Sterbehilfe unter besonderer Berücksichtigung historischer und ethischer Aspekte (1996) 61.

2. Constitutio Criminalis Carolina

a) Entstehung

Die Constitutio Criminalis Carolina (CCC)[84] wurde 1532 von Kaiser Karl V auf dem Reichstag in Regensburg kundgemacht und gilt bis heute als eine der ersten allgemein gültigen Strafrechtsordnungen. Sie bildete die Basis für das frühneuzeitliche deutsche Strafrecht (ua auch in der Schweiz), obwohl sie gegenüber den einzelnen Landesgesetzen nur subsidiär galt. Ziel der CCC war, adressiert an die Gerichte, die Willkürjustiz abzuschaffen. Die Strafjustiz wies viele Missstände auf, welche darin begründet waren, dass viele peinlichen Gerichte mit unqualifiziertem Personal besetzt waren.[85] Als Schöpfer der CCC gilt Johann von Schwarzenberg. Grundsätzlich war die CCC als Strafprozessordnung gedacht, doch finden sich auch materielle Straftatbestände. Als besonderes Charakteristikum der CCC gilt die Bestrafung wegen individueller Schuld.[86] Dies bedeutete, dass ein Angeklagter nur verurteilt werden durfte, wenn ein Geständnis vorlag, oder aufgrund der Aussagen von zwei Augenzeugen, die einen guten Leumund haben mussten (Vgl Art 60, 66, 72 CCC).[87] Das Ziel dieser Strafrechtskodifikation war es, vorrangig die Inquisition zu unterstützen, dies ua durch die Regelung der Peinlichen Befragung (Folter). Die Folter endete meist mit einem erzwungenen Geständnis, welches sofort zur Verurteilung zum Tode durch Feuer führte.[88]

---

84 Auch genannt „Peinliche Halsgerichtsordnung Kaiser Karl V".

85 *Saygin,* Strafrechtsgeschichte - Eine Quellenexegese von Teilen der Lex Salica, der Consitutio Criminalis Carolina und Beccaria (2006) 8.

86 Vgl *Beckert,* Strafrechtliche Probleme um Suizidbeteiligung und Sterbehilfe unter besonderer Berücksichtigung historischer und ethischer Aspekte (1996) 62.

87 Vgl *Schröder,* Rechtsgeschichte^{4} (1992) 87.

88 Dies va in den frühen Hexenprozessen. Vgl *Floßmann/Kalb,* Geschichte des öffentlichen Rechts I^{3} (2004) 93.

b) Regelungsinhalt

Der Freitod bzw die ‚eigene Tötung', wie sie die CCC bezeichnete (‚Straff eygener tödtung'), war in Art 135 geregelt. Als Strafe für die eigene Tötung waren Vermögenskonfiskationen vorgesehen. Diese sollten jedoch nur dann zur Anwendung gelangen, wenn jemand wegen eines für ‚todeswürdig erachteten Verbrechens' vor Gericht gestellt werden sollte.[89] Als weitere Strafen für den Suizidenten waren einerseits das stille, ehrlose Begräbnis und andererseits das sog Eselsbegräbnis vorgesehen. Jene Selbstmörder, welche sich aufgrund einer unheilbaren Krankheit töteten, sollten zwar kirchlich, jedoch ohne Feierlichkeiten beigesetzt werden.

Ob auch eine Strafbarkeit der Tötung auf Verlangen bestanden hat, ist fraglich. Begründet wird dies unterschiedlich. Nach *Eser* waren die Tötung auf Verlangen und die Sterbebegleitung strafbar, da schon der Suizid durch die CCC sanktioniert wurde. Weiters weist er darauf hin, dass die CCC den Gesunden und den Todkranken hinsichtlich des strafrechtlichen Lebensschutzes gleichstellte.[90] *Rupp* dagegen meint, dass die Tötung auf Verlangen nicht strafbar war. Dies leitet er aus der Tatsache ab, dass der Zweikampf ebenso straflos blieb.[91] Festzuhalten ist, dass - sollte die Tötung auf Verlangen strafwürdig gewesen sein - sie kein Kapitalverbrechen darstellte, welches mit dem Tode zu bestrafen war. Kapitalverbrechen wurden taxativ in Art 104 CCC angeführt. Die Delikte der Tötung auf Verlangen oder der Sterbehilfe fanden sich nicht unter dieser Aufzählung.[92]

---

89 Vgl *Beckert*, Strafrechtliche Probleme um Suizidbeteiligung und Sterbehilfe unter besonderer Berücksichtigung historischer und ethischer Aspekte (1996) 63.

90 Vgl *Eser*, Zwischen „Heiligkeit" und „Qualität" des Lebens. Zu Wandlungen im strafrechtlichen Lebensschutz (1982) 812.

91 Vgl *Rupp*, Das Recht auf den Tod - Eine strafrechtliche Studie (1913) 23.

92 Vgl *Beckert*, Strafrechtliche Probleme um Suizidbeteiligung und Sterbehilfe unter besonderer Berücksichtigung historischer und ethischer Aspekte (1996) 65.

C. Sterbehilfe und Euthanasie im aufgeklärten Absolutismus

1. Historisches und philosophisches Umfeld

Die Zeit des aufgeklärten Absolutismus in Österreich wurde geprägt durch Maria Theresia (1740–1780), Joseph II (1780–1790) und Leopold II (1790–1792).

Die Aufklärung, wonach der vernunftbegabte Mensch aufgefordert wurde, sich seines Verstandes zu bedienen, beeinflussten Gesellschaft und Gesetzgebung gleichermaßen. Mit der Aufklärung einher ging die Zuwendung zum Vernunftrecht, wonach das Recht allein durch die menschliche Vernunft gerechtfertigt und begründet sein sollte.[93] Die Monarchen jener Zeit hielten zwar am politischen System des Absolutismus fest, ließen sich bei ihren Reformvorhaben von den Prinzipien der Aufklärung leiten.

Die Aufklärer, welche zumeist rationalistisch die Tatsache begründeten, dass die Quelle der Moral im menschlichen Verstand und im individuellen Gewissen liege, waren von der Existenz Gottes überzeugt. Dennoch gelangten sie zu anderen Urteilen, ua betreffend den Freitod, als jene die die katholische Kirche vertrat.[94] Vor allem Montesquieu[95] und Voltaire[96] plädierten für die Straflosigkeit des Freitodes. Nach Montesquieus 76. Brief der Lettres Persanes hat jeder Mensch ein ausdrückliches Recht auf den frei gewählten Tod, da es sich um ein göttlich verliehenes Recht handle. Auch Voltaire befürwortete die Straflosigkeit des Suizids in Situationen, welche

---

93 Die bekanntesten Vertreter dieser Rechtsansicht waren John Locke, als auch Charles de Montesquieu, welcher die Idee Lockes von der Gewaltenteilung aufgriff und sie zu rechtsstaatlichen Verfassungen erhob. Vertreter der Naturrechtslehre waren die Österreicher Martini und Zeiler, welche die Vorarbeiten zum heutigen ABGB leisteten.

94 Vgl *Beckert*, Strafrechtliche Probleme um Suizidbeteiligung und Sterbehilfe unter besonderer Berücksichtigung historischer und ethischer Aspekte (1996) 68.

95 1689–1755.

96 1694–1778.

für den Menschen unerträglich seien.[97] In Österreich erfolgte die Entkriminalisierung des Freitods verhältnismäßig spät. Bis zum Jahr 1850 stand der Freitod unter Strafe. Ein weiterer wichtiger Vordenker der Straflosigkeit des Freitods war der Mailänder Strafrechtstheoretiker Cesare Beccaria[98]. Dieser lehnte die Bestrafung des Freitods strikt ab und betrachtete diese als ungerecht, weil sie nur die Unschuldigen, die Familie des Toten, träfe, und als unnütz, da es ihr an der präventiven Wirkung fehle.

In Frankreich wurde die Strafbarkeit des Freitods aufgrund der Aufklärung früh beseitigt. In Toulouse erfolgte die Bestrafung des Freitodes zunächst nur dann, wenn er von jemandem begangen wurde, der sich vor der gerechten Bestrafung durch die Selbsttötung zu entziehen versuchte. Das französische Strafgesetzbuch von 1781 erwähnte die Strafbarkeit des Freitodes nicht mehr. In Flandern (seit 1795 offiziell französisches Staatsgebiet) blieb der Freitod straflos, da die Regierung keine Veranlassung sah, diesbezügliche Sanktionen einzuführen. In Preußen wurden bereits 1751 durch den König Friedrich II sämtliche Strafen für das Delikt der ‚Selbsttötung' aufgehoben, dies ua dadurch bedingt, dass sich Voltaire zu diesem Zeitpunkt am preußischen Hofe aufhielt.[99]

2. Constitutio Criminalis Theresiana von 1768

a) Entstehung

Maria Theresia war eine streng katholische Frau und lehnte alle anderen Religionsbewegungen strikt ab. Verärgert durch die überaus verworrenen Zustände und Unklarheiten auf dem Gebiet des Gerichtswesens infolge der Vielfalt der Gerichtstypen und der gleichzeitigen Geltung unterschiedlicher Rechtsquellen, gab Maria Theresia 1752 bekannt, die Landgerichtsordnung für Österreich unter der Enns und die Halsgerichtsordnung von 1707 zu verbin-

---

97 Vgl *Voltaire*, Du Suicide, in Dictionnaire philosophique Band VII (1785) 233.

98 1738–1794.

99 Vgl *Dellemann*, Die Entkriminalisierung des Suizids im 18. Jahrhundert (2002) 27.

den. Viele Entwürfe wurden vorbereitet, doch Maria Theresia zeigte sich mit keinem zufrieden. Erst der Entwurf der Strafrechtsreformkommission von 1752 wurde durch die Kaiserin angenommen und trat am 1. Jänner 1769 als Constitutio Criminalis Theresiana in Kraft[100], allerdings noch angelehnt an mittelalterliche Praktiken und Foltermethoden. „Inhaltlich war die CCTh, wie es der Auftrag Maria Theresias an die Kommission verlangt hatte, nicht mehr als eine Kompilation älterer, im Geiste der Constitutio Criminalis Carolina und des gemeinen deutschen Strafrechts für einzelne habsburgerische Länder [...] ergangener Ordnungen aus der Zeit Ferdinand III und Josef I[101]. Ihre Züge sind daher im Großen und Ganzen durch das aus dem Mittelalter tradierte Strafrecht und Strafprozessrecht geprägt."[102] Die CCTh galt in den österreichischen Erbländern und in Böhmen.

---

100 *Hellbling*, Grundlegende Strafrechtsquellen der österreichischen Erbländer vom Beginn der Neuzeit bis zur Theresiana - Ein Beitrag zur Geschichte des Strafrechts in Österreich (1996) 52.

101 Hier sind beispielsweise die Tiroler Malefizordnung von 1499, die Landgerichtsordnung für Österreich unter der Enns 1656, die Landgerichtsordnung für Österreich ob der Enns 1627, die Landgerichtsordnung der Steiermark von 1721 oder die Halsgerichtsordnung Josef I zu erwähnen. Nach der Tiroler Malefizordnung von 1499 hat der Selbstmörder Leibes- und Vermögensverfall zu gewärtigen, die Tiroler Landesordnung von 1526 sieht eine Verbrennung des Leichnams des Suizidenten oder dessen Versenkung im Wasser vor (so auch die steirische Landgerichtsordnung 1721). Nach der oberennsischen Landgerichtsordnung 1627 zieht der Selbstmord dann, wenn er von einem wegen eines todeswüridgen Verbrechens Verurteilten begangen wird, den Vermögensverfall nach sich. Die Halsgerichtsordnung Josef I sieht als Strafe für den Freitod, welcher nicht aus Geisteskrankheit oder Gemütsdepression heraus begangen wurde, die Verscharrung des Körpers bei dem Hochgericht vor. Der Versuch des Freitods war mit Leibes- oder Geldstrafen zu belegen. Bei schwangeren Suizidenten war der Leib zu öffnen und die Leibesfrucht zu entnehmen. Vgl *Reiter*, Grundlegende Strafrechtsquellen der österreichischen Erbländer vom Beginn der Neuzeit bis zur Theresiana - Ein Beitrag zur Geschichte des Strafrechts in Österreich (1996) 16.

102 *Hoke*, Österreichishe und Deutsche Rechtsgeschichte^2 (1996) 240.

b) Regelungsinhalt

Die CCTh kannte keine Unterscheidung bei Tötungsdelikten aufgrund spezieller subjektiver Schuldmerkmale. Privilegierungen fanden nur im Rahmen der Strafmilderung Berücksichtigung. Die Tötungsdelikte der CCTh waren vielfältig und fanden sich in den Art 83, 85 bis 88 und 90 bis 93. Ein Grunddelikt und dazugehörige Privilegierungen bzw Qualifikationen existierten nicht. Art 83 CCTh spricht vom Totschlag, Verwundungen und anderen tödlichen Handlungen. Dieser Totschlag bzw die Entleibung geschieht entweder boshaftig mit Willen und bedingt durch ein gefährliches Gemüt des Täters oder ohne dieselben, aus einem bloßen Unglücksfall heraus resultierend. Letzteres war nach der CCTh straflos. Nach Art 85 CCTh ist der Raufhandel bzw der Tod eines Beteiligten in einer Schlägerei strafbar, nach Art 86 der Vater-, Mutter- sowie der Ehegattenmord. Auch kannte die CCTh einen Tatbestand, welcher die Tötung eines Kindes bei der Geburt unter Strafe stellte (Art 87) bzw die vorsätzliche Abtreibung der Leibesfrucht sanktionierte (Art 88). Auch sah die CCTh gesonderte Tatbestände für den sog Straßen- und Meuchelmord in Art 90 vor, wobei jemand auf der freien Straße ‚um des Gewinns halber angreift, beraubt und zugleich jemanden um das Leben bringt'. Gesondert geregelt ist in Art 91 der Mord durch Vergiftung, wonach ‚sich jemand schuldig macht, wenn er einen anderen vorsätzlich und in gefährlicher Weise durch Gift umbringt'.

Die Strafbarkeit des Freitodes wurde in der CCTh in Art 93 geregelt. Hierbei spricht die CCTh von der ‚Selbstentleibung' und stellt unter Strafe, ‚wenn jemand gewaltsame Hand an sich selbst anlegt und sich selbst entleibt'.

Nach §§ 1 und 2 Art 93 CCTh heißt es:

> *„Diese Unthat wird begangen, wenn wer gewaltsame Hand an sich selbst anleget, und sich selbst entleibet, und dieses ohne Unterscheid: ob solche gewaltsame Handanleg- und Entleibung in der Gefängnis oder ausser gefänglichen Verhaft entweder aus bösen Gewissen wegen einer begangenen Missethat zu Entfliehung der Straffe, oder sonst aus bösen Willen, und gottloser Verzweiflung bestehen seihe; auch un-*

geachtet er dessentwegen schriftliche Ursachen, oder eine wie immer beschaffene Verwahrung, oder Entschuldigung hinterliesse."

„Dieses Laster verstehet sich aber nur von einem vorsetzlich und gefährlichen Selbstmord, da nämlich jemand, wie gemeldt, entweder aus Furcht der Straffe, oder sonst aus bösen Willen, und Fürsatz sich entleibet. Dann, wenn sich wer aus Verbrechen seiner Vernunft, allzugrossen Melancholen, oder Krankheit, aus blosser Schuld, und Fahrlässigkeit, aber aus einem unversehenen Zufall um das Leben bringt, so ist es kein landgerichtsmäßiger Fall, sondern er solle durch ehrliche Leute zur Erden bestattet, und christlicher Ordnung nach in einem geweihten Erdreich, doch insgemein, und insonderheit, wenn die Entleibungsursach zweifelhaft, nicht mit Geprang, noch an vornehmen Orten begraben, sonst aber solle es mit ihme in allweg gehalten werden, als ob er eines natürlichen Todes verschieden wäre."

Dies bedeutet, dass die CCTh einen Unterschied zwischen der ‚böswilligen' und der ‚nicht-böswilligen' Selbstentleibung macht. Die böswillige Selbstentleibung besteht darin, dass der Selbstmörder vorsätzlich ‚aus bösem Willen' heraus, oder aufgrund einer befürchteten Strafe selbst Hand an sich legt. Die nicht-böswillige Selbstentleibung erfolgt entweder aus ‚Furcht vor der Straffe', aus ‚reiner Vernunft', aus Fahrlässigkeit oder aus einem Unglücksfall heraus. Die Selbstentleibung aus dieser Motivation soll nicht strafbar sein und der Selbstmörder soll ein ehrenhaftes, nach christlicher Ordnung entsprechendes Begräbnis in geweihter Erde erhalten. Ob die Selbstentleibung aus böswilligen oder nicht-böswilligen Motiven heraus geschieht, wird anhand objektiver Kriterien festgelegt. Im Zweifel vermutet § 4, dass das ‚Bessere' zur Anwendung gelangt.

Nach § 16 Art 3 CCTh wird auch indirekt die Strafbarkeit der Tötung auf Verlangen angesprochen.

Art 3 § 16 CCTh lautete

„Jedes Verbrechen ist aus der Gefährde, und bösen Willen desjenigen, so etwas den Gesetzen zuwider thut, oder unter-

lässt, abzumessen; es ist also in den Misshandlungen nicht blosserdings auf die Beschaffenheit dessen, so das Unrecht leidet, und etwan keiner Unbild fähig ist, als hauptsächlich auf die Bosheit des Thäters zu sehen. Zumalen die Uebelthaten auch an Unsinnigen, an Kindern, Schlaffenden, und Toden, ja sogar an denen, so ihren Schaden, und Untergang selbst verlangen, verübt werden, und bleibet der Thäter um der gemeinen Genugthuung willen den öffentlichen Straffen, sie auf solche Missethaten ausgesetzt sind, allerdings unterworfen."

Dies bedeutete, dass der Täter nach den Delikten bestraft wurde, welche er begangen hat, völlig unabhängig davon, ob die Tat aus dem Verlangen des Opfers selbst hervorging. Eine Strafmilderung war nicht vorgesehen.

c) Sanktionen

Die Strafen für Selbstmörder sind in § 7 des Art 93 geregelt. Grundsätzlich ist der Leichnam des Selbstmörders aus dem Haus, dem Ort, wo er sich selbst gerichtet hat, zu entfernen. Der Körper selbst ist nach § 7 ‚gleich einem Vieh' zu verscharren. Ein ehrenhaftes Begräbnis war nicht vorgesehen. Das Vermögen des Selbstmörders, welcher aus böswilliger Motivation heraus gehandelt hat, ist zugunsten des Staates einzuziehen und für verfallen zu erklären. Dies betrifft das bewegliche und das unbewegliche Vermögen. Sollte der Verstorbene eine letztwillige Verfügung errichtet haben, so ist diese unwirksam. Sofern sich eine schwangere Frau selbst richtete, wurde ihr Leichnam aufgeschnitten und ihr die Leibesfrucht entnommen. Was die Strafe für Totschläger oder Mörder anbelangt, so lässt sich sagen, dass diese regelmäßig hingerichtet wurden. Dies traf auch auf denjenigen zu, welcher auf Verlangen des Opfers die Tat begangen hatte.

3. Josephinisches Strafgesetzbuch von 1787

a) Entstehung

Joseph II gab 1781 den Auftrag, ein neues Strafgesetzbuch zu erarbeiten. Die Vorarbeiten dauerten sechs Jahre und am 13. Jänner 1787 trat das *Allgemeines Gesetzbuch über Verbrechen und derselben Bestrafung* in Kraft. Charakteristisch am Josephinisches Strafgesetzbuch (JSG) war, dass zum ersten Mal nicht materielles und formelles Recht in einem Werk vereint waren, sondern ein eigenständiges Strafgesetz mit rein materiellen Inhalten geschaffen wurde. Ein Jahr darauf erließ Joseph II die *Allgemeine Kriminalgerichtsordnung*, welche das formelle Strafrecht regelte.

b) Regelungsinhalt

Bezüglich der Bestrafung des Freitodes selbst stand Joseph II demselben verständnisvoll gegenüber. Dies deshalb, da ihn Beccaria in Straf- und Zivilrecht unterrichtete und dieser die Bestrafung des Suizids strikt ablehnte.[103] Er fand die Handlung selbst an sich nicht wert bestraft zu werden.[104] Im JSG finden sich im vierten Kapitels jene Vorschriften über ‚Verbrechen, die auf das menschliche Leben, und die körperliche Sicherheit unmittelbare Beziehung haben'. Nach § 89 des vierten Kapitels zählen dazu der gemeine Mord, der Raubmord, der Meuchelmord, die Bestellung zum Morde, der Zweikampf, die Abtreibung der Leibesfrucht, die Weglegung der Kinder, die gewaltsame Verwundung und die Gewalt an sich selbst durch Selbstmord. Wie die CCTh kannte auch das JSG keine Qualifikationen oder Privilegierungen zu den Tötungsdelikten. Sämtliche Verbrechen stellten eigenständige Delikte dar und wurden in den §§ 90 bis 125 geregelt. Der Freitod - das JSG spricht vom Selbstmord - ist im § 123 des vierten Kapitels geregelt.

---

103 Vgl *Moos*, Der Einfluss Cesare Beccarias auf das österreichische Strafrecht, JBl 1991, 69.

104 Vgl *Lind*, Selbstmord in der frühen Neuzeit (1999) 48.

„Selbstmord ist, wenn jemand sich durch eine gewaltsame und den Tod befördernde Handlung das Leben raubet, zu einer Zeit, da an ihm kein Merkmahl einer Sinnenverrückung, oder einer schweren Krankheit, die den Gebrauch der Vernunft hemmete, wahrzunehmen gewesen."

Nach Joseph II sollte ein Selbstmörder als ein zurechnungsunfähiges und deshalb nicht schuldfähiges Individuum angesehen werden, welcher in seiner psychischen Desorientierung nicht anders handeln könne, da ihm der freie Wille fehle, was ihm jedoch nicht anzulasten sei. Seine Ansicht fand jedoch keine Zustimmung, sodass im Josephinischen Strafgesetzbuch der Selbstmord weiterhin unter Strafe stand. Das Gesetzbuch unterschied zwischen der Selbsttötung unter vollstem Bewusstsein, die dem Täter zuzuordnen war, und dem Selbstmord, welcher aufgrund einer ‚Sinnenverrückung, oder einer schweren Krankheit, die den Gebrauch der Vernunft hemmte, stattfand. Strafrechtliche Sanktionen gab es nur für den ersten Fall.

Nach § 125 JSG sollte auch der Selbstmordversuch strafbar sein. Ein solcher lag vor, wenn der Selbstmord ohne Willen des Selbstmörders und ohne sein Zutun bloß zufällig unterbleibt.

Ob die Beihilfe zum Selbstmord nach dem Josephinischen Gesetzbuch strafbar war ist strittig. Zweifellos ist die Tötung auf Verlangen nach § 89 ff Josephnisches Strafgesetzbuch bestraft worden. Nach § 6 JSG ist

„das Verbrechen stets aus der Bosheit des Täters zu entnehmen, nicht aus der Beschaffenheit, und den Umständen desjenigen, an dem es verübt wird. Also werden Verbrechen auch an Uebelthaetern, an Unsinnigen, an Kindern, an Schlafenden, sogar an denjenigen begangen, die ihren Schaden und Untergang selbst verlangen."

Dies bedeutet, dass das JSG keinen Unterschied zwischen Mord, Totschlag oder Tötung auf Verlangen gemacht hat. Besondere subjektive Schuldelemente, wie beispielsweise die Einwilligung und das Verlangen des Opfers wurden nicht berücksichtigt. Sämtliche

Tötungsdelikte, darunter auch die Tötung auf Verlangen, wurden unter den Tatbestand des Mordes nach § 90 subsumiert.

Demnach macht sich schuldig,

> *„wer einen Menschen mit tödtlichen Waffen anfällt, oder sonst an ihm auf eine Art gewaltsam Hand anlegt, daß die Verwundung tödlich, und der Tod des Verwundeten entweder sogleich, oder auch nach einiger Zeit, ohne in der Zwischenzeit zu Stand gebrachte Heilung desselben, nothwendig erfolgt."*

Eine Strafmilderung gab es nicht und es wurde die Tötung eines Einwilligenden ausdrücklich der gemeinen Tötung gleichgestellt, da man der Ansicht war, dass eine Zustimmung den Charakter einer Rechtsgutverletzung nicht ändern könne.[105]

c) Sanktionen

Im Zuge der Josephinischen Gesetzgebung wurde die Todesstrafe abgeschafft und stattdessen Zwangsarbeit verhängt. Für die verschiedenen Formen des Mordes waren schwerstes Gefängnis oder Gefängnis mit schwerer Arbeit vorgesehen.

Die Strafen für den Selbstmörder, welcher bewusst seine Handlung gesetzt hat waren unterschiedlich. Sofern der Selbstmörder zwischen seiner Tat und dem Eintritt des Todes Reue gezeigt hat, so sollte er ‚ohne alle Begleitung und Gepränge' einzugraben sein. Lag jedoch keine Reue vor und trat der Tod sogleich ein, so wurde der Leichnam des Selbstmörders vom Scharfrichter verscharrt. Nach § 124 JSG sollte jener Selbstmörder, welcher sich durch den Selbstmord einer befürchteten Strafe entzog, an den ‚Galgen geschlagen und dies allgemein kund gemacht werden'.[106] Die Strafe für den versuchten Selbstmord bestand nach § 125 JSG darin, dass der Sterbewillige so lange in ein Gefängnis einzusperren war, bis er Reue

---

105 Vgl *Große-Vehne*, Tötung auf Verlangen (§ 216 StGB), „Euthanasie" und Sterbehilfe (2005) 11.

106 Vgl *Dellemann*, Die Entkriminalisierung des Suizids im 18. Jahrhundert (2002) 24.

zeigte und erkannte, dass seine Tat gegen Gott, den Staat und ihn selbst verstößt.

D. Sterbehilfe und Euthanasie in der Zeit des Vormärz

1. Historisches Umfeld

Ausgehend von der französischen Revolution 1789 in Paris, welche geprägt war durch eine Philosophie des Rationalismus und der Betonung der Bürger- und Menschenrechte, entwickelten sich auch in Österreich Bestrebungen, welche sich für die Lösung der Probleme der unteren sozialen Schichten einsetzten. Joseph II und Leopold II waren dem Ziel und den Auswirkungen der französischen Revolution positiv gegenüber gestimmt und weitreichende soziale und gesellschaftliche Reformen bestimmten diese Herrschaft. Nach der Machtübernahme von Franz II 1792, ein Sohn Leopolds II, welcher ein erbitterter Gegner der französischen Revolution war, änderte sich dies und die Reformbestrebungen gelangten zum Stillstand bzw wurden bereits getätigte Reformen wieder rückgängig gemacht. In Österreich und Ungarn bildeten sich Gruppierungen von Beamten und Intellektuellen (die Jakobiner), welche von und mit der Restaurationspolitik Franz II enttäuscht bzw unzufrieden waren. Diese Gruppierungen und Versammlungen wurden jedoch bald entlarvt, führten zu einer Verhaftungswelle und die aufgeklärte Entwicklung fand in den sog Jakobinerprozessen ihr vorläufiges Ende. Seit 1792 fanden zwischen Österreich, Preußen und anderen Staaten des Deutschen Reiches gegen das bonapartistische Frankreich Kriege statt, um die Revolutionen, welche von diesem Land ausgingen, zu unterdrükken. Durch diese sog napoleonischen Kriege wurde Europa in ein Chaos gestürzt. Unter dem Eindruck der Ausrufung eines erblichen Kaisers der Franzosen durch Napoleon verlieh sich 1804 Kaiser Franz II zusätzlich den Titel eines erblichen Kaisers von Österreich (Franz I). Unter der Führung Napoleons und unter Beteiligung von 16 deutschen Fürsten wurde 1806 der sog Rheinbund gegründet. Ein diesbezügliches Ultimatum Napoleons an Franz II führte schließlich dazu, dass dieser die Kaiserkrone niederlegen und das Ende des Heiligen Römischen Reiches verkünden musste. Am

Wiener Kongress 1814/1815 beschlossen die Siegermächte unter der Leitung von Staatskanzler Metternich die Neuordnung Europas. Der Wiener Kongress war geprägt von den Prinzipien der Restauration, der dynastischen Legitimität und der Solidarität. Weiters erfolgte 1815 der Zusammenschluss von 40 souveränen Staaten durch völkerrechtlichen Vertrag zum Deutschen Bund, welcher die ‚Erhaltung der äußeren und inneren Sicherheit Deutschlands und der Unabhängigkeit und Unverletzbarkeit der einzelnen deutschen Staaten' zum Ziel hatte. Österreich war Mitglied des Deutschen Bundes und schloss sich mit Russland und Preußen zur Heilligen Allianz zusammen, welche dem Schutz vor revolutionären Ereignissen in ganz Europa dienen sollte.[107]

2. Das Strafgesetz von 1803

a) Entstehung

Bedingt durch die negative Einstellung Franz II gegenüber der französischen Revolution und aufgrund seiner Ablehnung weiterer Reformbestrebungen wurde 1803 auf Befehl des Kaisers das gegenüber dem Josephinischen Strafgesetzbuch ‚verschärfte' *Strafgesetz über Verbrechen und schwere Polizeiübertretungen für die deutschen Erblande* (Franciscana, StG 1803) in Kraft gesetzt. In diesem Gesetz wurde die Trennung zwischen materiellen und formellen Strafrecht wieder aufgehoben.[108]

b) Regelungsinhalt

Auch das StG von 1803 stellte den Freitod - das StG verwendete ebenso wie das JSG den Begriff ‚Selbstmord' - unter Strafe. Das StG 1803 unterteilte die strafbaren Handlungen in Verbrechen, welche im I. Teil geregelt wurden, und in Vergehen, die im II. Teil ihre Erwähnung fanden. Das Achte Hauptstück des II. Teils spricht von ‚schweren Polizei-Übertretungen gegen die Sicherheit des Lebens' und stellt den Selbstmord bzw auch dessen Versuch in den §§ 90 bis 92 ausdrücklich unter Strafe. Der Selbstmord stellte jedoch - im

---

[107] Vgl *Floßmann/Kalb*, Geschichte des öffentlichen Rechts II³ (2004) 169.

[108] Vgl *Borchers*, Die Josephinische Strafrechtsreform (2000) 44.

Gegensatz zum JSG - kein Verbrechen mehr dar, sondern wurde als ‚bloßes' Vergehen behandelt. Das StG 1803 differenzierte zum einen zwischen dem fehlgeschlagenen Selbstmord, welcher aufgrund eigener Reue unterblieben ist, und zum anderen dem fehlgeschlagenen Selbstmord, der aufgrund eines Zufalles nicht zu Ende gebracht wurde. Das Wesen des fehlgeschlagenen Selbstmordes aufgrund eigener Reue bestand darin, dass der Sterbewillige aufgrund eigener Überzeugung von seinem Tatentschluss abließ. Der vollendete Selbstmord war in § 92 geregelt. Was die Tötung auf Verlangen betrifft, kann gesagt werden, dass diese als Mord nach § 139 StG 1803 zu qualifizieren war. Der Gesetzgeber machte in diesem Zusammenhang keine Unterscheidungen zwischen privilegierenden oder sonstigen Umständen.

c) Sanktionen

Als Sanktion für den vollendeten Selbstmord sah das StG 1803 eine unehrenhafte Bestattung außerhalb des Friedhofs vor. Der Leichnam war durch gerichtliche Bedienstete zu verscharren.

Betreffend den versuchten Selbstmord ist zu unterscheiden, ob dieser aufgrund eigener Reue abgebrochen, oder bloß durch Zufall verhindert wurde.

Nach § 90 StG 1803 ist

> *„Jemand der mit dem Vorsatze, sich das Leben zu nehmen, sich verwundet, oder verletzet, dafern er von Vollendung des Selbstmordes von eigener Reue angestanden, vor die Obrigkeit zu fordern, und ihm über die Abscheulichkeit seines so viele Pflichten verletzenden Unternehmens eine ernste Ermahnung zu geben."*

§ 91 StG 1803 normiert:

> *„Ist die Ausführung nur zufällig, aber wider Willen des Schädigers unterblieben; so ist derselbe in sichere Verwahrung zu bringen, und so lange unter strenger Aufsicht zu behalten, bis er durch sittliche, und physische Heilmittel zur Vernunft, und dem Erkenntnisse seiner, dem Schöpfer, dem Staate, und sich selbst schuldigen Pflicht zurückgeführet,*

über das Begangene Reue zeiget, und für die Zukunft dauerhafte Besserung erwarten lässt."

Blieb also der Selbstmord im Versuchsstadium ‚stecken', aufgrund eines bloßen Zufalles und ohne den Willen des Sterbewilligen, so sollte der Suizident unter strenger Aufsicht sicher verwahrt werden. Dabei sollte er durch Anwendung verschiedener Heilmittel zu der Einsicht gebracht werden, dass sein Handeln Pflichten verletzte. Erst wenn er bezüglich seiner begangenen Tat Reue zeigt und eine gute Prognose für die Zukunft ersichtlich war, sollte der Sterbewillige wieder aus der Verwahrung entlassen werden.

3. Die Entkriminalisierung des Suizids 1850

a) Allgemeines

1850 wurde durch das Kaiserliche Patent[109] vom 17.1.1850 die Strafbarkeit des Selbstmordes beseitigt.

In diesem sog Milderungspatent 1850 heißt es:

> *„Die Vorschriften der § 90–92 des II. Theiles [des StG 1803] haben zu entfallen, und es ist an der Stelle des strafgerichtlichen Einschreitens bei einem versuchten Selbstmorde durch die politische Behörde die Belehrung des Thäters mittelst des Seelsorgers, oder nach Umständen dessen Unterbringung in die öffentlichen Heilanstalt oder sonstige Verwahrung; bei einem vollbrachten Selbstmorde aber die Beerdigung des Leichnams in der Stille und in dem Friedhofe zu veranlassen."*

Dies bedeutete, dass der Selbstmord seitdem nicht mehr als Vergehen zu bestrafen war, jedoch geeignete Vorkehrungen für den Sterbewilligen zu treffen waren, ua dass dieser betreffend seiner Leiden in einer Heilanstalt oder durch einen Seelsorger zu betreuen war. Auch entfiel die Strafbarkeit des vollendeten Selbstmordes, indem angeordnet wurde, dass auch der Selbstmörder in aller Stille auf dem Friedhof zu bestatten sei.

---

[109] RBGl 1850/24.

b) Die Einstellung der katholischen und evangelischen Kirche

Im Gegensatz zum kaiserlichen Patent und den philosophischen und naturrechtlichen Vorstellungen wichen die kirchlichen Auffassungen von diesen Ansichten weitestgehend ab. Die katholische Moraltheologie betrachtete den Freitod weiterhin als schwere Sünde und verweigerte dem Suizidenten das kirchliche Begräbnis in geweihter Erde. Diese Sünde lag aber nur dann vor, wenn bewusst gegen Gottes Gebot diese Entscheidung getroffen wurde. Dies bedeutet, dass im Falle der Selbsttötung ein freier und überlegter Entschluss gegeben sein musste, sodass es im Zweifel dennoch zu einem kirchlichen Begräbnis kommen konnte.[110]

E. Sterbehilfe und Euthanasie im Neoabsolutismus

1. Historisches Umfeld

Die Verbreitung ‚staatsgefährdeter Ideen' (ua Volkssouveränität, politische Mitbestimmung und Pressefreiheit) wurde durch Staatskanzler Metternich einer Zensur unterzogen und es kam nach 1815/1816 zu einem System geistiger Bevormundung.[111] Dies alles führte zu erheblichen Unruhen und schließlich 1848 zu Revolutionen. Ausgehend von revolutionären Bestrebungen in Frankreich wurde auch das Kaisertum Österreich von Revolutionen erfasst. Mit dem Erlass von Verfassungen folgte eine kurze ‚frühkonstitutionelle' Periode (1849–1851), die durch die sog Silvester-Patente beendet wurde. Der Kaiser kehrte zum Absolutismus zurück. In dieser Phase des Neoabsolutismus war prägend, dass sich der Monarch als alleiniger Träger der Staatsgewalt verstand, der einen vom wirtschaftlichen Liberalismus geleiteten Zentralstaat etablieren wollte.[112]

---

[110] Vgl *Häring*, Moraltheologische Überlegungen zu Suizid und Euthanasie, in *Eser (Hg)*, Suizid und Euthanasie als human- und sozialwissenschaftliches Problem (1976) 261.

[111] Vgl *Floßmann/Kalb*, Geschichte des öffentlichen Rechts II³ (2004) 176.

[112] Vgl *Floßmann/Kalb*, Geschichte des öffentlichen Rechts II³ (2003) 235.

2. Das Strafgesetz von 1852

a) Entstehung

1852 folgte unter Kaiser Franz Joseph eine ergänzte Ausgabe des Strafgesetzes 1803. Das Strafgesetz 1852 (StG 1852)[113] trat am 27.5.1852 in Kraft und blieb bis 1938 in Geltung (ua novelliert durch das StrÄG 1934). Nach 1945 erlangte das novellierte StG 1852 in Österreich erneut Anwendung.

b) Regelungsinhalt

Da die Strafbarkeit des Freitodes mit kaiserlichem Patent 1850 aufgehoben wurde, beschränkt sich folgende Darstellung auf die Strafbarkeit der Tötung auf Verlangen und der Beihilfe zum Freitod Anderer.

Nach § 4 StG 1852 wurde klargestellt, dass der Rechtfertigungsgrund der Einwilligung für Tötungsdelikte keine Relevanz zeitigen, bzw dass besondere subjektive Schuldmerkmale des Täters keine Berücksichtigung finden sollten.

> *„Das Verbrechen entsteht aus der Bosheit des Thäters, nicht aus der Beschaffenheit desjenigen, an dem es verübt wird. Verbrechen werden also auch an Uebelthätern, Unsinnigen, Schlafenden, auch an solchen Personen begangen, die ihren Schaden selbst verlangen oder zu demselben einwilligen."*

Dies hatte zur Folge, dass die Tötung auf Verlangen nach § 139 iVm § 4 StG 1852 als Mord zu qualifizieren war. Nach § 134 machte sich des Verbrechens des Mordes schuldig,

> *„wer gegen einen Menschen, in der Absicht, ihn zu tödten, auf eine solche Art handelt, dass daraus dessen oder eines anderen Menschen Tod erfolgte."*

Die Strafbarkeit der Beihilfe zum Freitod war umstritten. Zum einen bestand die Ansicht, dass die Beihilfe als objektiv erfolgsqualifiziertes Lebensgefährdungsdelikt strafbar war, welches vorsätzlich oder fahrlässig begangen werden konnte und unter § 335 StG 1852

---

113 RGBl 1852/117.

subsumiert wurde. Demnach machte sich strafbar, wer durch eine Handlung oder Unterlassung eine Gefahr für die körperliche Sicherheit, die Gesundheit oder das Leben eines Anderen hervorbrachte. Andererseits wurde aber auch die Mitwirkung am Freitod als Täterschaft des Mordes, als Mitschuld daran, gesehen. Die Strafbarkeit des Selbstmordes wurde nämlich lediglich mit „fehlender Schuld des Täters durch Unzurechnungsfähigkeit oder entschuldigenden Notstand erklärt, während die Teilnehmer nicht exkulpiert waren."[114]

c) Sanktionen

Für das Verbrechen nach § 139 iVm § 4 StG 1952 wurde als Sanktion fünf bis zu zehn Jahre schwerer Kerker verhängt. Die Strafe für § 335 StG bestand in einem Arrest von einem bis zu sechs Monaten, bzw wenn hieraus der Tod einer anderen Person resultierte, in Arrest von sechs Monaten bis zu einem Jahr.

F. Weitere Entwicklung im 19. und 20. Jahrhundert

1. Historisches Umfeld

Die Zeit von 1867 bis 1918 wird als Phase des Konstitutionalismus bezeichnet. Diese Zeit war geprägt durch Bestrebungen, die Kodifikationsidee weiterzuführen. Die Dezemberverfassung 1867, welche zwar keine Verfassung im formellen Sinn und somit auch kein direktes Bekenntnis des Kaisers zum Konstitutionalismus darstellte, war dennoch ein wichtiger Schritt in der Weiterentwicklung der Verfassungsidee und des Bekenntnisses zu Grund- und Freiheitsrechten.[115]

Mit dem Ende des Ersten Weltkriegs zerfiel die Österreichisch-Ungarische Monarchie, und es entstand die neue Republik Deutschösterreich. Mit dem Bundes-Verfassungsgesetz 1920 (B-VG) begann die Periode der demokratischen Republik Österreich, der sog 1. Republik, die 1933 mit der Ausschaltung des Parlaments durch

---

114 *Moos*, § 77, in *Höpfel/Eckart (Hg)*, Wiener Kommentar zum Strafgesetzbuch² (2005) Rz 1.

115 Vgl *Floßmann/Kalb*, Geschichte des öffentlichen Rechts II³ (2004) 292.

die Regierung das Ende fand. Dieser ‚Staatsstreich' leitete die Ära des Austrofaschismus ein, die bis zum sog Anschluss 1938 an Hitlerdeutschland Bestand hatte.[116]

2. Tötung auf Verlangen, Sterbehilfe und Recht

Das StG aus 1852 bestand in Österreich weiter. Aufgrund einiger Vorschläge erfolgte durch das Strafrechtsänderungsgesetz vom 19.6.1934[117] die Einführung eines eigenen Tatbestandes, welcher die Tötung auf Verlangen erfassen sollte. Dies wurde mit der Einfügung des § 139a verwirklicht. Die Überlegungen gingen grundsätzlich davon aus, dass in einem Fall der Tötung auf Verlangen, dh wenn der Lebensmüde eine heftige Gefühlsbewegung wie Mitleid im Täter auslöse, eine geringere Gefährlichkeit des Täters anzunehmen sei. Auch die Strafdrohung wurde - im Vergleich zum Mord - von fünf bis zu zehn Jahren schweren Kerker auf sechs Monate bis zu fünf Jahren Freiheitsstrafe herabgesetzt.

Betreffend die Mitwirkung am Freitod wurde von der Lehre die Anwendung des § 335 StG 1852 für die Teilnehmer am Freitod heftigst abgelehnt, da es an einer Haupttat fehle. Somit wurde als saubere Lösung die Einführung eines eigenen Delikts ‚Teilnahme am Selbstmord' gefordert. Dies erfolgte 1934 durch Einfügung des § 139b StG als delictum sui generis (Strafrechtsänderungsgesetz vom 19.6.1934).[118] Diese Regelung blieb bis heute - vgl § 78 StGB - unverändert.[119]

G. Die Zeit des Nationalsozialismus

Im Dezember 1933 wurde die NSDAP unter der Führung Adolf Hitlers zur einzig erlaubten Partei in Deutschland erklärt. Hitler wollte ua einen neuen Lebensraum für das Deutsche Volk gewin-

---

116 Vgl *Floßmann/Kalb*, Geschichte des öffentlichen Rechts II³ (2004) 399.

117 BGBl 1934/II/77.

118 Vgl *Moos*, § 78, in *Höpfel/Eckart (Hg)*, Wiener Kommentar zum Strafgesetzbuch² (2005) Rz 1.

119 *Moos*, § 77, in *Höpfel/Eckart (Hg)*, Wiener Kommentar zum Strafgesetzbuch² (2005) Rz 1.

nen, woraufhin Österreich als erstes Land an das Deutsche Reich angeschlossen werden sollte. Am 12. März 1933 marschierten die deutschen Truppen bejubelt in Österreich ein. Durch das Bundesverfassungsgesetz über die Wiedervereinigung Österreichs mit dem Deutschen Reich[120] wurde der Anschluss rechtlich vollzogen.[121] Das neue ‚Land' Österreich bzw die Ostmark wurde in Verwaltungskörper gegliedert und einem Reichsstatthalter unterstellt.[122]

Eine wichtige Säule der nationalsozialistischen Staatsordnung war das Prinzip der völkischen Ungleichheit. Dies bedeutete, dass der Gesellschaftsbegriff auf die deutsche Volksgemeinschaft reduziert wurde, wobei Artfremde, Fremdvölkische, Staats- und Volksfeinde sowie all jene, die die Nationalsozialisten zu Trägern ‚unwerten Lebens' erklärten, nicht der Volksgemeinschaft angehörten.[123]

Ausgehend von Charles Darwins Werk ‚*Über die Entstehung der Arten durch natürliche Zuchtwahl oder die Erhaltung der begünstigten Rassen im Kampf ums Dasein*' und seiner Ansicht, dass Mitgefühl für die Schwachen nicht vernünftig sei und der Hinwendung zum sog Sozialdarwinismus im Sinne Ernst Haeckels Werk ‚*Die Ausscheidung der Schwachen*' waren die Weichen für das ‚Euthanasie-Programm' der Nationalsozialisten gestellt. Nach *Haeckel* sollte mit jeder Generation die körperliche Vollkommenheit gesteigert werden. Dies begründete er mit der Tötung behinderter Kinder im antiken Sparta, wonach bereits bei der Geburt von Kindern eine Auslese bezüglich

---

120 BGBl 1938/75.

121 Vgl *Floßmann/Kalb*, Geschichte des öffentlichen Rechts II^3 (2004) 475.

122 Vgl *Knoll*, Nationalsozialistische Weltanschauung und Gesetzgebung 1933–1945, RZ 2001, 36 (3).

123 1935 wurde das sog Reichsbürgergesetz erlassen, welches eine begriffliche Unterscheidung zwischen Reichsbürgern und Staatsangehörigen vornahm. Die Staatsangehörigkeit ergab sich aus der Zugehörigkeit zum Schutzverband des Deutschen Reiches, die Reichsbürgerschaft setzte deutsches oder artverwandtes Blut voraus. Rassische oder völkische Qualifikation wurde Bedingung für die volle Rechtsfähigkeit und Rechtsschutzwürdigkeit der Menschen. Vgl *Floßmann/Kalb*, Geschichte des öffentlichen Rechts II^3 (2004) 478.

kräftiger und vollkommener Kinder stattfand, alle anderen durften nicht am Leben bleiben. Aus weiteren rassenhygienischen Paradigmen von William Greg, Alfred Russel Wallace oder Francis Galton wurde eine eugenische Programmatik entwickelt, die die Zeugung einer gesunden Elite an Kindern einmahnte und negativ-eugenische Maßnahmen, wie die Absonderung von Gewohnheitsverbrechern oder die Einschränkung der Fortpflanzung von Geisteskranken und ‚sozialschädlichen' Personen, einforderte.[124]

Ein einheitliches nationalsozialistisches Strafrecht galt in Österreich unter der Besetzung Hitlers nicht. Vielmehr galten die österreichischen Strafrechtsnormen wie das StG 1852 idF 1934 weiter. Ergänzt bzw angepasst wurde das österreichische Strafrecht jedoch durch zahlreiche nationalsozialistische Regelungen, insbesondere Strafrechts-Verordnungen, welche nur in der Ostmark Anwendung fanden. Hier ist beispielsweise die Kriegssonderstrafrechtsverordnerung (KSSV)[125] vom 17. August 1939 zu erwähnen.

Die Kriegssonderstrafrechtsverordnung galt für alle Personen, die dem Militärstrafgesetzbuch unterworfen waren. Auf diese Personen war nach § 1 Abs1 KSSV auch das Strafgesetzbuch für das Deutsche Reich anzuwenden. Neben den Sondertatbeständen der Spionage (§ 2), Freischärlerei (§ 3) oder der Zuwiderhandlung gegen die von den Befehlshabern im besetzten ausländischen Gebiet erlassenen Verordnungen (§ 4) kam im Zusammenhang mit der Bestrafung des Freitods § 5 der KSSV besondere Bedeutung zu. § 5 KSSV setzte die Zersetzung der Wehrmacht unter Strafe. Demnach wurde nach Abs 1 mit dem Tode bestraft,

> *„3. wer es unternimmt, sich oder einen anderen durch Selbstverstümmelung, durch ein auf Täuschung bezeichnetes Mittel oder auf andere Weise die Erfüllung des Wehrdienstes ganz, teilweise oder zeitweise zu entziehen."*

---

124 Vgl *Benzenhöfer*, Der Gute Tod? Euthanasie und Sterbehilfe in Geschichte und Gegenwart (1999) 84.

125 Verordnung über das Sonderstrafrecht im Kriege und bei besonderem Einsatz, RGBl I S 1145.

In minder schweren Fällen konnte auch auf Zuchthaus oder Gefängnis erkannt werden bzw war die Einziehung des Vermögens vorgeschrieben. Die Selbstverstümmelung stand für Handlungen von Wehrpflichtigen, welche versuchten, sich durch mutwillige Beschädigung und Verletzung des eigenen Körpers durch sich selbst oder durch andere, eine Dienst- und Arbeitsunfähigkeit zu erreichen, um sich letztendlich dem Dienst in der Wehrmacht zu entziehen.[126] Ob unter diesen Tatbestand auch der Selbstmord(versuch) subsumiert wurde, ist fraglich. *Rittau* schließt bei Vorliegen eines Selbstmord(versuchs) die Bestrafung nach § 5 KSSV dezidiert aus. Dies begründete er damit, dass der Vorsatz, sich selbst das Leben zu nehmen, den Vorsatz der Selbstverletzung ausschließt.[127] Anders argumentierte *Schwinge*, der zu dem Schluss kam, dass Wehrkraftzersetzung bei einem Selbstmordversuch vorliege, da der Täter in seinem Selbstmordentschluss die Möglichkeit aufgenommen habe, gerettet zu werden und somit ein bedingter Vorsatz bezüglich der Selbstverstümmelung gegeben sei.[128]

Ein weiteres nationalsozialistisches Gesetz, nämlich das Gesetz zur Verhütung erbkranken Nachwuchses vom 14. Juli 1933 (Erbgesundheitsgesetz ErbGG)[129] berührte zwar nicht direkt den strafrechtlichen Bereich, wurde jedoch in der Ostmark mit Verordnung vom 14.11.1939 kundgemacht und trat am 1. Januar 1940 in Kraft. Zweck des Gesetzes war es, erbkranke Personen, dh Menschen, die an angeborenem Schwachsinn, Schizophrenie, manisch-depressiven Krankheiten, erblicher Blindheit oder schwerer erheblicher körperlicher Missbildung litten, unfruchtbar zu machen (zu sterilisieren), wenn erwartet werden konnte, dass deren Nachwuchs an geistigen oder körperlichen Erbschäden leiden werden (vgl § 1

---

126 Vgl *Fritsche*, Entziehungen (2004) 137.

127 Vgl *Rittau*, Militärstrafgesetzbuch in der Fassung der Verordnung vom 10. Oktober 1940 mit Einführungsgesetz und Kriegssonderstrafrechtsverordnung in Guttentagsche Sammlung Deutscher Reichsgesetze; Kommentare und erläuterte Textausgaben, Nr. 196[3] (1941) 37.

128 Vgl *Schwinge*, Militärstrafgesetzbuch, Kommentare zum deutschen Reichsrecht Band I (1936) 443.

129 RGBl 1933/86.

ErbGG). Dies, um dem fortschreitenden Verlust wertvoller Erbmasse Herr zu werden und eine schwere Entartung aller Kulturvölker zu vermeiden. Es sollte somit biologisch minderwertiges Erbgut ausgeschaltet und eine allmähliche Reinigung des Volkskörpers und die Ausmerzung von krankhaften Erbanlagen bewirkt werden.[130]

Was die Strafbarkeit der Tötung auf Verlangen und die Mitwirkung am Freitod Anderer betrifft, so ist hier auf die Ausführungen in Kapitel D 4 im dritten Teil der Schrift zu verweisen.

H. Die Zeit von 1945 bis 1974

Die Zeit nach der nationalsozialistischen Herrschaft war bis 1955 geprägt durch die Besetzung Österreichs durch die Alliierten Mächte. Niederösterreich, das Burgenland und das Mühlviertel wurden von den Sowjets besetzt, Salzburg und Oberösterreich südlich der Donau von den Amerikanern. Die Steiermark, Kärnten und Osttirol bildeten die britische Zone, Vorarlberg und Nordtirol die französische. Wien wurde auf die vier Alliierten aufgeteilt, wobei der 1. Bezirk von allen gemeinsam verwaltet wurde. Bis zum Abschluss des Staatsvertrages vom 15. Mai 1955 besaß Österreich nur eine beschränkte Souveränität.[131]

Durch das Verfassungs-Überleitungsgesetz (V-ÜG 1945)[132] wurde das B-VG 1920 idF von 1929 sowie alle übrigen BVG und sonstige Verfassungsbestimmungen mit dem Stand vom 5. März 1933 wieder in Geltung gesetzt.[133] Alle einfachgesetzlichen Normen nach dem 13. März 1938 wurden durch das Rechts-Überleitungsgesetz (R-ÜG 1945)[134] in geltendes Recht übergleitet. Ausgenommen da-

---

130 Vgl *Pesendorfer*, Zwangssterilisation. Zur Gültigkeit von Beschlüssen der Erbgesundheitsgerichte in der NS-Zeit, iFamZ 2007, 132 (1).

131 Vgl *Floßmann/Kalb*, Geschichte des öffentlichen Rechts II³ (2004) 538.

132 Verfassungsgesetz vom 1. Mai 1945 über das neuerliche Wirksamwerden des Bundes-Verfassungsgesetzes in der Fassung von 1929, StGBl 1945/4.

133 Vgl *Floßmann/Kalb*, Geschichte des öffentlichen Rechts II³ (2004) 531.

134 Verfassungsgesetz vom 1. Mai 1945 über die Wiederherstellung des Rechtslebens in Österreich, StGBl 1945/6.

von waren jene Gesetze und Verordnungen, welche mit dem Bestand eines freien und unabhängigen Staates Österreichs oder mit den Grundsätzen einer echten Demokratie nicht vereinbar waren. Alle vor dem 13. März 1938 erlassenen Gesetze und Verordnungen galten als stillschweigend in Kraft gesetzt.[135]

Somit erlangte das StG von 1852 idF des Strafrechtsänderungsgesetz von 1934 erneut Geltung. Die Tatbestände der Tötung auf Verlangen nach § 139a und der Mitwirkung am Selbstmord nach § 139b blieben bis 1974 unverändert aufrecht.

III. Aktueller Regelungsbestand in Österreich

A. Überblick und Entstehung des Strafgesetzbuchs von 1974

Das StG von 1852, novelliert durch das Strafrechtsänderungsgesetz 1934[136] wurde mit dem Wiederherstellungsgesetz vom 12. Juni 1945 nach der Befreiung Österreichs wieder verlautbart[137] und stand bis 1974 in Geltung. Schon 1953 startete ein erster Reformanlauf durch eine eingesetzte Strafrechtsreformkommission, welcher einige Jahre andauerte, letztendlich jedoch scheiterte. Erst 1971 folgte ein Strafrechtsänderungsgesetz, welches wichtige und dringende Neuerungen enthielt. Das Strafgesetz 1974 war keine Novelle des alten StG idF 1971, sondern entstand als Strafgesetzbuch 1974 neu.[138] Es trat am 1. Januar 1975 in Kraft und steht bis heute in Geltung. Im Laufe der Zeit wurden einige Novellen und Neuerungen eingefügt, die einschlägigen §§ 77 und 78, welche unmittelbar vom StG 1803 idF 1934 übernommen wurde, blieben jedoch bis heute aufrecht.[139] Lediglich das Erfordernis der Ausdrücklichkeit des Verlangens wurde bei § 78 StGB durch jenes der Eindringlichkeit ersetzt. Auch die

---

[135] Vgl *Floßmann/Kalb*, Geschichte des öffentlichen Rechts II³ (2004) 532.

[136] BGBl 1934/II/77.

[137] Vgl *Floßmann/Kalb*, Geschichte des öffentlichen Rechts II³ (2004) 504.

[138] BGBl 1974/60.

[139] Vgl *Fuchs*, Strafrecht Allgemeiner Teil² (1997) 34.

Strafdrohung des § 78 StGB wurde an jene des § 77 StGB angeglichen.[140]

Festgehalten werden kann an dieser Stelle, dass „das Strafrecht [...] die Funktion hat, den Patienten vor einer vorzeitigen Lebensbeendigung zu schützen. Zum anderen dient es aber auch dazu, das Selbstbestimmungsrecht des Patienten zu schützen, der etwa eine bestimmte Behandlung nicht oder nicht mehr an sich durchgeführt haben möchte."[141]

Grundsätzlich ist zu sagen, dass Selbstmord meist ohne Hilfe eines Dritten begangen wird, da dies bereits in der Natur dieser höchstpersönlichen Handlung liegt. Um sich zu vergiften oder zu erhängen kommt man meist ohne die Unterstützung eines Anderen aus.[142]

Ausgehend von den Begriffsdefinitionen der aktiven, der indirekten aktiven und passiven Sterbehilfe ist an dieser Stelle ein kurzer Überblick über die dogmatischen Besonderheiten des österreichischen Strafrechts zu geben. Weiters sind die Begriffe Sterbebegleitung, Hilfe zum Sterben und Hilfe im Sterben abzugrenzen. Die Sterbebegleitung „erfasst Fallkonstellationen, in denen der Arzt oder ein Dritter einem unausweichlich Sterbenden schmerzlindernde und/oder bewusstseinsdämpfende Mittel verabreicht, ohne dadurch dessen Leben zu verkürzen."[143] Unter dem Begriff „Hilfe zum Sterben" verbirgt sich das Synonym der aktiven Sterbehilfe, welche wiederum direkt und indirekt auftreten kann. Es handelt es sich um eine ebenso „schwierige wie facettenreiche Problematik an der Grenze des Rechts [...] und bringt den human denkenden und handelnden Arzt in rechtliche Bedrängnis."[144] Grundsätzlich unterscheidet man im österreichischen, wie auch im deutschen oder

---

140 Vgl *Moos*, § 77, in *Höpfel/Eckart (Hg)*, Wiener Kommentar zum Strafgesetzbuch[2] (2005) Rz 1.

141 *Kert*, Sterbehilfe - Der rechtliche Rahmen für das Ende des Lebens, JAP 2005/2006, 34.

142 Vgl *Wach*, Strafrechtliche Probleme des Selbstmordes, ÖJZ 1978, 479.

143 *Kienapfel/Schroll*, Strafrecht Besonderer Teil I[5] (2003) 4.

144 *Kienapfel/Schroll*, Strafrecht Besonderer Teil I[5] (2003) 4.

schweizerischen Strafrecht vorsätzlich und fahrlässig begangene Tötungs- oder Körperverletzungsdelikte. Die vorsätzlichen Tötungsdelikte - Mord § 75 StGB, Totschlag § 76 StGB, Tötung auf Verlangen § 77 StGB, Mitwirkung am Selbstmord § 78 StGB und Tötung eines Kindes bei der Geburt § 79 StGB - sind von den vorsätzlich begangenen Körperverletzungsdelikten der §§ 83 bis 87 StGB abzugrenzen. Suizid ist Selbsttötung, versuchter Suizid stellt Selbstverletzung bzw versuchte Selbsttötung dar. Die Selbstverletzung ist in Österreich genau so wenig strafbar wie die Selbsttötung. Jemand, der beschließt sein Leben zu beenden und dabei erfolgreich ist, bleibt straf- und sanktionslos; ebenso derjenige, dessen Selbsttötung misslingt, da die Selbstverletzung in Österreich nicht strafbar ist. Anderes gilt für die Hilfe eines Dritten beim Sterbevorgang eines anderen. Das Ziel der aktiven Sterbehilfe ist nicht primär die Begleitung des Sterbenden, sondern viel mehr die aktive Vornahme der Tötungshandlung selbst. Es stellt dies somit ein Fremdtötungsdelikt dar und ist gem § 77 StGB strafbar. Es handelt sich um eine weitere Privilegierung des Grundtatbestandes Mord nach § 75 StGB. Diese Privilegierung setzt einerseits an der besonderen Voraussetzung dieser spezifischen Situation an, andererseits zeitigt sie Auswirkungen auf die Strafdrohung, welche im Gegensatz zum Grunddelikt herabgesetzt ist. Der freiwillige Schutzverzicht des Opfers und die notstandsähnliche Konfliktlage, in welcher sich der Täter meist aufgrund eines ernstlichen und eindringlichen Tötungsverlangens des anderen über alle natürlichen Tötungshemmungen hinwegsetzt, sind Gründe für die Herabsetzung der Strafdrohung gegenüber § 75. Die Privilegierung betrifft daher sowohl das Unrecht, als auch die Schuld.[145]

Bei der indirekten aktiven Sterbehilfe handelt es sich ebenso um einen Beitrag eines Dritten zum Sterbevorgang eines anderen, jedoch mit dem Unterschied, dass nicht direkt ein Tötungsdelikt verwirklicht wird, sondern indirekt, dh beispielsweise durch die Verabreichung von schmerzlindernden Medikamenten wie Morphium der Eintritt des Todes beschleunigt und das Leben somit in-

---

145 Vgl *Kienapfel/Schroll*, Strafrecht Besonderer Teil I^5 (2003) 22.

direkt verkürzt wird. Eine Strafbarkeit lässt sich diesbezüglich in Österreich nicht vorfinden. Vielmehr ist heute anerkannt, dass eine diesbezügliche Hilfe im Sterben strafrechtlich irrelevant sei.[146]

Die passive Sterbehilfe zielt auf die Unterlassung einer weiteren Lebensverlängerung durch nicht durchgeführte Behandlungen ab. Hier werden beispielsweise lebenserhaltende Maschinen abgestellt, damit der natürliche Tod eintreten kann. Hier stellt sich va die Frage, wann der Arzt berechtigt ist, seine Behandlungspflicht dem Patienten gegenüber einzustellen. Der Rechtspflicht, menschliches Leben zu erhalten sind Grenzen gesetzt. Diese Pflicht erlischt, sobald jene Phase erreicht ist, in der das Sterben nach ärztlicher Erfahrung unabwendbar erscheint. Die apparativ-technische oder/ und medikamentöse Möglichkeit, das Leben eines Moribunden künstlich zu verlängern, begründet keine Rechtspflicht, dies auch tatsächlich zu tun. In diesem Zusammenhang ist jedoch das sog Patiententestament (Patientenverfügung) von Bedeutung, auf welches in Folge noch einzugehen sein wird. Auf jeden Fall hat niemand die Befugnis, einen Sterbenden gegen dessen Willen am Leben zu erhalten.[147] Anders als in der BRD, wo höchstgerichtliche Entscheidungen existieren, gibt es in Österreich weder solche, noch gesetzliche Regelungen darüber, wann und unter welchen Bedingungen der behandelnde Arzt ausnahmsweise von seiner Pflicht zur Lebenserhaltung entbunden werden kann bzw diesem sogar lebensverkürzende Maßnahmen zu gestatten.[148]

Wenn jedoch weder aktiv, noch passiv dem Sterbenden Unterstützung geleistet wird, dh weder aktiv die Tötungshandlung vorgenommen, noch passiv nach Abschalten der Maschinen untätig auf den Tod des Sterbenden gewartet wird, sondern beispielsweise einfach nur Mut zum Freitod zugesprochen, oder die tödlichen Medi-

---

146 Vgl *Moos*, Vorbemerkungen §§ 75-79, in *Höpfel/Eckart (Hg)*, Wiener Kommentar zum Strafgesetzbuch² (2005) Rz 20 Moos schließt in solchen Fallkonstellationen bereits die objektive Zurechnung des Erfolges aus, womit die Strafbarkeit der indirekten aktiven Sterbehilfe entfällt..

147 Vgl *Kienapfel/Schroll*, Strafrecht Besonderer Teil I⁵ (2003) 6.

148 Vgl *Kert*, Sterbehilfe - Der rechtliche Rahmen für das Ende des Lebens, JAP 2005/2006, 34.

kamente besorgt werden, dann stellt sich die Frage nach der strafrechtlichen Relevanz dieses Verhaltens. Österreich stellt in § 78 StGB - anders als die Schweiz oder Deutschland - die Aufforderung oder die Mithilfe zum Selbstmord anderer ausdrücklich unter Strafe. Es handelt sich dabei um ein delictum sui generis[149], welches dadurch charakterisiert ist, dass es einerseits nicht zu einer aktiven Tötungshandlung kommen muss, andererseits schon die vorsätzliche Ermöglichung des Freitodes Anderer unter Strafe gestellt wird.

Folgende Darstellung geht insb auf den Tatbestand des § 78 StGB ein. In diesem Zusammenhang wird auch ein kurzer Überblick über die historische Entwicklung des Rechtfertigungsgrundes der Einwilligung gegeben. Auch wird der Tatbestand der Tötung auf Verlangen nach § 77 StGB als Paradedelikt für die aktive Sterbehilfe analysiert sowie auf die passive Sterbehilfe und die Patientenverfügung eingegangen. Desweiteren soll ein kurzer Überblick über das in Österreich vorherrschende System der Einheitstäterschaft sowie über den deliktsspezifischen Tätertypus des § 78 StGB gegeben werden.

B. Aktive Sterbehilfe - § 77 StGB - Tötung auf Verlangen

§ 77 StGB lautet

> *„Wer einen anderen auf dessen ernstliches und eindringliches Verlangen tötet, ist mit Freiheitsstrafe von sechs Monaten bis zu fünf Jahren zu bestrafen."*

Im ersten Abschnitt des StGB, welcher strafbare Handlungen gegen Leib und Leben regelt, findet sich an erster Stelle das Tötungsdelikt des Mordes. Nach diesem Grunddelikt des § 75 StGB „ist mit Freiheitsstrafe von zehn bis zu zwanzig Jahren oder mit lebenslanger Freiheitsstrafe zu bestrafen, wer einen anderen tötet." Privilegierte Tatbestände zum Mord finden sich in den §§ 76 ff, worunter insbesondere das Delikt des Totschlags, der Tötung auf Verlangen, der Mitwirkung am Selbstmord sowie die Tötung eines Kindes bei der Geburt fallen. Diesen Privilegierungen ist gemein, dass sowohl betreffend Unrecht, als auch betreffend Schuld Umstände eintreten,

---

149 Wie § 139b StG 1852 idF 1934.

welche eine geringere Gefährlichkeit des Täters vermuten lassen und somit eine niedrigere Strafdrohung im Vergleich zu § 75 zu verhängen ist. Dies kommt auch nach dem Prinzip der objektiven Zurechnung der Risikosphären deutlich zum Ausdruck. „Der mindernde Risikoanteil des Opferverhaltens am Handlungsunrecht führt zu einer Minderung der auf dem Täter lastenden Verantwortung nach § 75 und damit zu einer Unrechts- und Schuldminderung des Mordes."[150] Im Gegensatz zur hM vertreten jedoch Seiger und Tanzer unterschiedliche Ansichten und bestreiten das Vorliegen eines ‚privilegierten Mordes'. Nach Seiger ist § 77 StGB ein delictum sui generis, für Tanzer stelle es einen Spezialfall des Selbstmordes dar. Auch im deutschen Recht ist strittig, ob darin ein delictum sui generis oder eine Privilegierung steckt.[151]

Beim Delikt der Tötung auf Verlangen nach § 77 StGB handelt es sich um ein Fremdtötungsdelikt. Das Delikt ist janusköpfig und im Hinblick auf das Opfer liegt bei § 77 StGB eine Selbsttötung von fremder Hand vor. In Bezug auf den Täter liegt ein Fall der Fremdtötung vor. Für die Qualifikation als Selbsttötung spricht, dass dieses Delikt vom Sterbewillen des Opfers abhängig ist, indem es über das ‚Ob' und ‚Wie' entscheidet. Der Andere stellt ein bloßes Werkzeug dar, weil das Opfer die Tat nicht selbst ausführen will oder kann. Dazu löst es den Tatentschluss des Täters aus, und dieser ordnet sich ihm unter.[152] Auch in Bezug auf den Unrechts- und Schuldgehalt nimmt § 77 StGB eine Doppelstellung ein, da die privilegierenden Umstände sowohl im Tatbestand, im Unrecht, als auch auf Ebene der Schuld zu berücksichtigen sind. § 77 StGB ist der klassische Fall der aktiven Sterbehilfe, da hierbei eine aktive Tötung des Schwerkranken oder zum Sterben Entschlossenen stattfindet. Auch kann jedoch die Tötung auf Verlangen „der erste Akt

---

150 *Moos*, § 77, in *Höpfel/Eckart (Hg)*, Wiener Kommentar zum Strafgesetzbuch^2 (2005) Rz 5.

151 Vgl *Moos*, § 77, in *Höpfel/Eckart (Hg)*, Wiener Kommentar zum Strafgesetzbuch^2 (2005) Rz 4.

152 Vgl *Moos*, § 77, in *Höpfel/Eckart (Hg)*, Wiener Kommentar zum Strafgesetzbuch^2 (2005) Rz 5.

eines sog Doppelselbstmordes bzw des erweiterten Selbstmordes sein."[153]

Geschütztes Rechtsgut des § 77 StGB ist das menschliche Leben, welches indisponibel ist. Das Leben beginnt mit der Geburt. Bei der natürlichen Geburt setzt der Strafrechtsschutz mit dem Beginn der regelmäßigen Eröffnungswehen ein, bei künstlicher Geburt (Kaiserschnitt) mit der Vornahme des Eingriffs ein. Der Strafrechtsschutz des menschlichen Lebens endet mit demselben. Dies ist nach heutigem Stand der Wissenschaft dann der Fall, wenn der sog Hirntod eingetreten ist.[154] Das Delikt des § 77 StGB ist somit ein Erfolgsdelikt. Vollendung tritt erst mit dem Hirntod eines anderen ein.[155]

Im Folgenden wird ein analysierender Überblick über den Aufbau des Tatbestandes der Tötung auf Verlangen gem § 77 StGB gegeben werden, wobei va auf den objektiven Tatbestand, die Rechtswidrigkeit und die Schuld einzugehen sein wird.

1. Objektiver Tatbestand

a) Tatsubjekt

Bei § 77 StGB handelt es sich nicht um ein Sonderdelikt nach § 14 StGB, sodass jedermann Tatsubjekt - Täter - dieses Delikts sein kann.

b) Tatobjekt

Tatobjekt des § 77 StGB ist „[...] ein anderer Mensch. Selbstmord ist daher kein strafrechtlicher Tatbestand. Wer sich selbst zu töten versucht, oder an seiner (misslungenen) Tötung mitwirkt, indem er zB einen anderen dazu bestimmt, ist nicht strafbar."[156]

---

153 Vgl *Moos*, § 77, in *Höpfel/Eckart (Hg)*, Wiener Kommentar zum Strafgesetzbuch[2] (2005) Rz 9.

154 Vgl *Kienapfel/Schroll*, Strafrecht Besonderer Teil I[5] (2003) 4.

155 Vgl *Wegscheider*, Strafrecht Besonderer Teil (2003) 27.

156 *Haberl*, Das österreichische Strafgesetzbuch[11] (1995) 111.

c) Tathandlung

Die Tathandlung besteht in einem Tun, welches für den Tod kausal ist.[157] Dies deckt sich somit mit § 75 StGB. Dennoch sind Unterschiede zu berücksichtigen. § 77 StGB setzt idR die eigenhändige Vornahme der Tötungshandlung voraus. Führt ein Anderer diese Tötungshandlung aus, weil beispielsweise der Suizident verzagt, so kommt § 75 StGB in Betracht. Weiters ist § 77 StGB durch Unterlassen nur ausnahmsweise begehbar.[158] Dies ist beispielsweise dann möglich, wenn jemand auf Verlangen eines Schwerkranken bzw eines durch den Selbstmordversuch Verletzten es unterlässt, den Eintritt des Todes zu verhindern. Dies dann, wenn er für die Erfolgsabwendung, dh für die Erhaltung des Lebens nach § 2 StGB verantwortlich ist und er die Gefahr, vor der er das Opfer zu schützen versucht, beherrscht. Hier sind beispielsweise Naturereignisse oder erwartete Schäden von Dritten ausgehend zu erwähnen. § 2 StGB findet jedoch keine Anwendung auf das Verlangen eines tödlich Erkrankten, ihn sterben zu lassen, denn unter die von § 77 StGB erfasste Selbsttötung durch fremde Hand fällt nur die Todesverursachung auf selbstmörderische Weise. Ist jedoch eine Krankheit beim Sterbewilligen bereits soweit fortgeschritten, dass der Tod unausweichlich scheint und findet sich der Kranke damit ab, so kommt das Selbstbestimmungsrecht nach § 110 StGB zur Anwendung und die Garantenpflicht des Arztes erlischt (Garantenpflichtsperre).[159]

Die Tathandlung - das Töten eines anderen - muss weiters aus bestimmten Motiven geschehen, welche wären ‚ernstliches' und ‚eindringliches' Verlangen. Die Privilegierung des § 77 kommt daher weder dem omnimodo facturus[160] zugute, noch dem, der vom ernstlichen und eindringlichen Verlangen des Opfers nichts ge-

---

157 Vgl *Birklbauer/Kepplinger*, Strafrecht Besonderer Teil[20] (2008) 37.

158 Vgl *Kienapfel/Schroll*, Strafrecht Besonderer Teil[5] (2003) 22.

159 Vgl *Moos*, § 77, in *Höpfel/Eckart (Hg)*, Wiener Kommentar zum Strafgesetzbuch[2] (2005) Rz 30.

160 Dh, dass der Täter bereits vorher zur Tat fest entschlossen war. Ist dies der Fall, so fehlt es an der Kausalität des Verlangens für die Tötungshandlung.

wusst hat bzw den Entschluss des Sterbewilligen selbst provoziert hat. In solchen Konstellationen bleibt es bei der Anwendung des Grunddelikts nach § 75 StGB.[161]

„Verlangen ist die Aufforderung des Sterbewilligen, ihn zu töten, und ist somit mehr als eine bloße Einwilligung in den Tod."[162] Dies bedeutet, dass die Initiative vom Sterbewilligen selbst ausgehen muss, dh das Opfer trifft selbst jegliche Entscheidungen, welche mit seinem Ableben in Verbindung stehen. Weiters ist auch anzumerken, dass dieses Verlangen jederzeit widerrufbar ist, und sich der Dritte an diesem Widerruf orientieren muss, ansonsten § 75 StGB zur Anwendung gelangt.

Das Verlangen muss ernstlich und eindringlich sein. Die Ernstlichkeit des Verlangens hat einen dreifachen Unrechtsbezug. Zum einen betrifft sie den Willen des Opfers, welcher auf seinen eigenen Tod und auch auf die Ausführung desselben durch einen Anderen gerichtet ist. Zum anderen nimmt sie Bezug auf das Fehlen von Willensmängeln beim Opfer und erfordert eine gewisse geistige Reife seiner Motivation. Den Schuldbezug stellt va die Eindringlichkeit dar. Der Sterbeentschluss des Opfers korrespondiert mit dem Wissens- und Wollenselement des Vorsatzes nach § 75 StGB, jedoch mit dem Unterschied, dass Tatsubjekt und Tatobjekt nicht identisch sind. Weiters bedeutet die Ernstlichkeit des Entschlusses, dass der Sterbewillige tatsächlich seinen Tod bestimmt und zielstrebig herbeiführen will.[163]

Das Verlangen muss weiters eindringlich sein. Dies trifft dann zu, wenn der Täter ohne die Motivation durch den Sterbewilligen seine natürliche Tötungshemmschwelle nicht überschreiten würde, dh der Entschluss des Sterbewilligen muss für den Tötungsentschluss des Dritten kausal sein. Wichtig zu erwähnen ist auch, dass die ‚Idee zum Töten' auch initiativ vom Dritten aufgegriffen werden kann, sich jedoch der Sterbewillige mit diesem Gedanken ‚anfreun-

---

161 Vgl *Kienapfel/Schroll*, Strafrecht Besonderer Teil[5] (2003) 23.

162 *Wegscheider*, Strafrecht Besonderer Teil (2003) 27.

163 Vgl *Moos*, § 77, in *Höpfel/Eckart (Hg)*, Wiener Kommentar zum Strafgesetzbuch[2] (2005) Rz 11.

det' und seinen Entschluss festigt. Das Merkmal der Eindringlichkeit ist zwischen der Schuld und dem Unrecht angesiedelt. Für die Einordnung als Unrecht spricht, dass sich die Eindringlichkeit auf das Opfer bezieht und somit die Ernstlichkeit dessen Verlangens ergänzt. Es gehört insoweit zur Schuld, was die Motivation des Täters betrifft. Im Rahmen des Unrechts hat das Merkmal der Eindringlichkeit zunächst die Aufgabe, die Ausdrücklichkeit zu ersetzen und die Ernstlichkeit zu verstärken. Dies bedeutet, dass zum einen das Verlangen nicht nur eindeutig sein muss, sondern es darf auch nicht nur beiläufig geäußert werden. Die Eindringlichkeit bestärkt somit die Entschlusskraft und die Zielstrebigkeit der Tötungsaufforderung an den Anderen. Hierbei bringt sie va das in der Ernstlichkeit implizierte Erfordernis einer bestimmten Intensität des Sterbewillens und des Verlangens deutlich zum Ausdruck.[164]

2. Subjektiver Tatbestand

a) Tatvorsatz

In subjektiver Hinsicht erfordert das Delikt des § 77 StGB zumindest bedingten Vorsatz[165]. Fahrlässig ist dieses Delikt nicht begehbar. Wenn der Täter bemerkt, dass sich der Sterbewillige über die tatsächlichen Gründe seiner Sterbeentscheidung irrt und sich auch sicher ist, dass kein wirkliches und begründetes Verlangen vorliegt, so findet § 75 StGB Anwendung. Unterliegt der Täter einem Irrtum, indem er vermeintlich glaubt, der Sterbewillige hege ein ernstliches

---

164 Vgl *Moos*, § 77, in *Höpfel/Eckart (Hg)*, Wiener Kommentar zum Strafgesetzbuch² (2005) Rz 28.

165 Vgl *Moos*, § 77, in *Höpfel/Eckart (Hg)*, Wiener Kommentar zum Strafgesetzbuch² (2005) Rz 32. Dieser Vorsatz des Täters nach § 5 Abs 1 StGB muss sowohl den Grundtatbestand des § 75 StGB, als auch das ernstliche und eindringliche Verlangen des Opfers und damit auch den Sterbewillen mitumfassen. Da der Tatbestand der Tötung auf Verlangen nur gegeben ist, wenn der Tatenentschluss im Täter durch das Verlangen erweckt wird, gehört der Vorsatz bei diesem Delikt schon deshalb notwendig zum Tatbestand. Dolus eventualis genügt und ist - besonders bei unsicherer Tötungsweise - denkbar.

und eindringliches Verlangen, meint dies aber nicht ernst, so handelt es sich um einen Tatbildirrtum. Dieser Tatbildirrtum ist begründet in einem Irrtum über die privilegierenden Tatbestandsmerkmale des § 77 StGB und führt zur Bestrafung wegen fahrlässiger Tötung nach § 80 StGB, sofern der Irrtum des Täters auf Fahrlässigkeit beruht. Im umgekehrten Fall, dh wenn der Täter irrig annimmt bzw nicht erkennt, dass der Sterbewillige gleichzeitig einen ernstlichen und eindringlichen Sterbewillen äußert, bleibt es bei der Bestrafung nach § 75 StGB wegen Mordes, wenn der Täter mit Mordvorsatz gehandelt hat.

b) Schuld

Die Tötung auf Verlangen weist im Vergleich zu § 75 StGB einen geringen Schuldgehalt auf, weil das eindringliche und ernstliche Verlangen des Opfers für den Täter ein Umstand von außen ist, der wegen der Reife der Motivation für ihn begreiflich ist und selbst bei einem rechtstreuen anderen Menschen die innere Tötungshemmschwelle herabsetzen könnte. Durch diese Motivation wird die Schuld des Täters gemindert. Dies kommt einem Schuldausschließungsgrund (§ 10 Abs 1) nahe. Der Täter wird nämlich durch das Verlangen des Opfers in eine notstandähnliche Konfliktlage versetzt. Weiters muss er zwar die Motivation des Opfers nicht billigen, auch Mitleid ist nicht notwendig. Dennoch muss aber die Reaktion des Täters auf die Motive des Opfers auch einem anderen Menschen an dessen Stelle begreiflich sein.[166]

Wichtig zu erwähnen ist noch, dass die Privilegierung des § 77 StGB nicht automatisch ausgeschlossen wird, wenn auch andere Motive, als die des ernstlichen und eindringlichen Verlangens die Tat des Täters mit beeinflussen.[167]

---

[166] Vgl *Moos*, § 78, in *Höpfel/Eckart (Hg)*, Wiener Kommentar zum Strafgesetzbuch[2] (2005) Rz 36.

[167] Vgl *Kienapfel/Schroll*, Strafrecht Besonderer Teil I[5] (2003) 25.

3. Rechtswidrigkeit

Die Tatbestandsmäßigkeit eines strafbaren Verhaltens impliziert die Rechtswidrigkeit, dh dass dieses strafrechtlich verpönte Verhalten gegen die Rechtsordnung als Ganzes verstößt. Liegen Rechtfertigungsgründe vor, so entfällt das Unrecht und die Tat bleibt straffrei. Zu den Rechtfertigungsgründen zählen ua die Notwehr gem § 3 StGB, der rechtfertigende Notstand (übergesetzliche Notstand) oder die Einwilligung. Notwehr und rechtfertigender Notstand scheiden als Rechtfertigungsgrund bei § 77 StGB regelmäßig aus. Fraglich ist jedoch, ob nicht die Einwilligung des Sterbewilligen die Strafbarkeit ausschließen würde. Dies wäre durch das sog Selbstbestimmungsrecht des Patienten begründbar. „Wäre allerdings das Selbstbestimmungsrecht ein tragender Grund für die Rechtfertigung einer Tötungshandlung, müsste dies letztlich nicht nur im Bereich der Euthanasie, sondern auch in anderen Fällen, in denen jemand aus gewichtigen Gründen seinen eigenen Tod wünscht, gelten."[168] Außerdem ist das Rechtsgut des menschlichen Lebens indisponibel, womit eine rechtfertigende Einwilligung ausscheidet.

Im Ergebnis kann somit festgehalten werden, dass keine Möglichkeit einer unrechtsbeseitigenden Rechtfertigung in Frage kommt.

4. Entschuldigender Notstand

Liegen besondere Fallkonstellationen vor, in denen die Anwendbarkeit des entschuldigenden Notstandes gem § 10 StGB gegeben ist, dann kann die Schuld und somit auch die Strafbarkeit entfallen. In Fällen der Sterbehilfe könnte ein Entschuldigungsgrund zu finden sein, wenn der Täter in einer besonderen psychischen Drucksituation gehandelt hat. Hierbei handelt der Täter zwar rechtswidrig, aber nicht schuldhaft. Dennoch greift der entschuldigende Notstand nur dann ein, wenn der Täter einen drohenden Nachteil bzw eine drohende Gefahr ‚von sich oder einem anderen abwendet' bzw wenn er ein ‚Gut rettet'. Im Falle der Sterbehilfe drohen jedoch

---

[168] *Schmoller*, Strafrechtliche Reflexionen zur internationalen Euthanasiediskussion, ÖJZ 2000, 367.

keine unmittelbare Gefahr und kein unmittelbarer Nachteil, welcher von einem anderen abgewandt werden soll bzw gibt es auch kein Gut, welches es zu erretten gilt. Aus diesem Grunde kann in solchen Fällen entschuldigender Notstand genauso wenig vorliegen, wie rechtfertigender Notstand.[169]

Nur ausnahmsweise ist eine völlige Entschuldigung durch § 10 StGB denkbar. Dies dann, wenn der Täter durch diese Tat eine unmittelbare Lebensgefahr für sich selbst oder Dritte - mit Ausnahme des Opfers - abwenden möchte. Bei der Begehung des § 77 StGB durch Unterlassen läge sogar bei sehr starkem allgemein begreiflichen Motivationsdruck (dies etwa bei Vorliegen von Mitleid oder einer bestimmten religiösen Überzeugung) eine Notlage nach § 10 StGB vor und somit wäre eine Exkulpation möglich.[170]

5. Strafdrohung

Auf die Tötung auf Verlangen nach § 77 StGB steht eine Freiheitsstrafe von sechs Monaten bis zu fünf Jahren. Diese Strafdrohung ist gegenüber dem Grunddelikt des § 75 StGB deutlich herabgesetzt. Begründet wird dies durch die schuldmindernde Wirkung des ernstlichen und eindringenden Verlangens des Sterbewilligen. Aufgrund des Doppelverwertungsverbots des § 32 Abs 2 Satz 1 StGB darf die Privilegierung als solche nur einmal berücksichtigt werden und findet somit bei der Strafbemessung keinen Einfluss mehr. Jedoch können Mitleid und andere sittlich besonders achtenswerte Motivationsgründe zu einer milderen Strafe führen. Ein weiterer Strafmilderungsgrund könnte weiters vorliegen, wenn sich der Täter in einer allgemein begreiflichen heftigen Gemütsbewegung zur Tat hat hinreißen lassen. Bei der Begehung dieses Delikts durch Unterlassen kann weiters eine Exkulpation wegen Unzumutbarkeit in Betracht kommen. Insbesondere in jenen Fällen, in denen es um fehlgeschlagene Doppelselbstmorde bzw um die akti-

---

169 Vgl *Schmoller*, Strafrechtliche Reflexionen zur internationalen Euthanasiediskussion, ÖJZ 2000, 369.

170 Vgl *Moos*, § 77, in *Höpfel/Eckart (Hg)*, Wiener Kommentar zum Strafgesetzbuch[2] (2005) Rz 41.

ve Sterbehilfe geht, ist durch die Anwendung des a.o. Strafmilderungsrechts nach § 41 Abs 1 Z 5 StGB eine Senkung der unteren Strafgrenze bis auf die Mindeststrafe der Strafart von einem Tag möglich.[171]

C. Passive Sterbehilfe und Patiententestament

1. Allgemeines

Passive Sterbehilfe geschieht durch Unterlassen lebenserhaltender oder lebensverlängernder Maßnahmen, indem diese nicht fortgesetzt, oder erst gar nicht begonnen werden. Die Strafbarkeit der passiven Sterbehilfe ist ebenso umstritten. Eine Strafbarkeit könnte sich durch ein Tötungsdelikt, begangen durch Unterlassen iSd § 2 StGB ergeben, da der behandelnde Arzt Garantenstellung aufgrund einer vertraglichen Verpflichtung erlangt hat. Rechtlich macht es keinen Unterschied, ob eine Behandlung abgebrochen oder erst gar nicht begonnen wird. Das Abschalten eines Behandlungsapparats stellt zwar nach dem äußeren Erscheinungsbild ein aktives Tun dar, dennoch handelt es sich hierbei nach dem sozialen Sinn um die Nichtvornahme und damit um ein Unterlassen einer weiteren medizinischen Behandlung.[172] Pallin verneint in solchen Fällen ebenso die Gleichwertigkeit von Tun und Unterlassen iSd § 2 StGB.[173] Nach Kienapfel wird jedoch dabei übersehen, dass nach inzwischen allgemein anerkannter Auffassung bereits der Rechtspflicht, menschliches Leben zu erhalten, Grenzen gesetzt sind. Diese Rechtspflicht erlischt, sobald jene Phase erreicht ist, in der das Sterben nach ärztlicher Erfahrung unabwendbar erscheint.[174] Die Möglichkeit, das Leben eines Moribunden künstlich zu verlängern, begründet keine Rechtspflicht, tatsächlich auch so zu handeln und

---

171 Vgl *Moos*, § 77, in *Höpfel/Eckart (Hg)*, Wiener Kommentar zum Strafgesetzbuch^{2} (2005) Rz 52.

172 Vgl *Kert*, Der rechtliche Rahmen für das Ende des Lebens, JAP 2005/2006, 34 (5).

173 Vgl *Pallin*, Unterlassen, ZStW 1972, 200.

174 Vgl *Kienapfel*, Die Gleichwertigkeit von Tun und Unterlassen, ÖJZ 1976, 198.

den Tod abzuwenden.[175] Ob die Unterlassung der Lebensverlängerung auf einem Behandlungsverzicht des Patienten gründet, oder aber auf einem einseitigen Behandlungsabbruch durch den Arzt (dies beispielsweise bei irreversiblem Koma), macht in diesem Zusammenhang keinen grundsätzlichen Unterschied. Vielmehr ist maßgeblich, ob der Prozess des Sterbens ein Stadium erreicht hat, in dem der Tod unabwendbar erscheint. Hiervon bleibt die Pflicht zur Aufrechterhaltung von Basispflege und Grundernährung nach § 95 StGB unberührt.[176]

2. Selbstbestimmungsrecht des Patienten und Patientenverfügung

Das Selbstbestimmungsrecht des Patienten wird im österreichischen Strafrecht durch § 110 StGB ‚eigenmächtige Heilbehandlung' geschützt, obwohl das geschützte Rechtsgut des § 110 StGB umstritten ist.[177] Danach macht sich strafbar, wer ohne Einwilligung des Patienten eine medizinische Heilbehandlung durchführt. Das Selbstbestimmungsrecht ist zwar im medizinisch-sozialversicherungsrechtlichen Sinne vielfach beschränkt. Dennoch kommt dem erklärten Willen des Patienten im Hinblick auf das Behandlungsgeschehen entscheidende Bedeutung zu.[178] Dieses Selbstbestimmungsrecht ist Basis für eine sog Patientenverfügung, in welcher der Patient selbst bestimmen kann, ob bestimmte Behandlungsmethoden nach dem Verlust seiner Handlungs- und Postulationsfähigkeit durchgeführt werden sollen. Das Patiententestament ist somit eine Verfügung, in welchem der Patient den Arzt anweist, in einem bestimmten Stadium seiner Erkrankung (zB bei irreversibler Bewusstlosigkeit) lebensverlängernde Maßnahmen zu unterlassen

---

175 Vgl *Harbich*, Das Recht zu sterben - Lebensverlängerung um jeden Preis?, RZ 1968, 125.

176 Vgl *Kienapfel*, Strafrecht Besonderer Teil I^5 (2003) 6.

177 Vgl hierzu bspw *Schmoller*, § 110 StGB, in *Höpfl/Ratz (Hg)*, Wiener Kommentar zum Strafgesetzbuch^2 III (1999) Rz 12. Schmoller sieht die ratio legis des § 110 StGB vielmehr im Schutz der körperlichen Integrität als in dem des Selbstbestimmungsrechts.

178 Vgl *Kathrein*, Das Patientenverfügungs-Gesetz, ÖJZ 2006, 34 (2).

bzw bestimmte schmerzlindernde Medikamente zu verabreichen, selbst wenn diese den Sterbevorgang beschleunigen. Es handelt sich somit um eine Vorausverfügung mit vielen inhaltlichen Gestaltungsmöglichkeiten.[179] Die Entstehungsgeschichte der Berücksichtigung des Patientenwillens im Falle der Handlungsfähigkeit ist lange. Zunächst regelte § 10 Abs 1 Z 7 KAG[180] 1993 die Möglichkeit eines Patienten zur Abgabe von Willensäußerungen in Richtung des Unterbleibens einer Behandlung oder bestimmter Behandlungsmethoden bei Verlust seiner Handlungsfähigkeit. Dies kommt auch deutlich im Art 9 der Patientencharta zum Ausdruck[181], welche jedoch keine subjektiven Rechte begründet. Aufgrund dieser recht unklaren Rechtslage für den behandelnden Arzt und dieser Unverbindlichkeit wurde 2004 ein Begutachtungsverfahren zu einem ‚Patienten-/Patientinnenverfügungsgesetz' durch das BMGF eingeleitet. Ziel dieses Verfahrens war es, neue zivilrechtliche Bestimmungen, auch im Zusammenhang mit dem Sachwalterrecht, zu vermeiden. Vielmehr sollte, anknüpfend an die bestehende Rechtsordnung, festgelegt werden, unter welchen Voraussetzungen einer Patientenverfügung tatsächlich rechtsverbindliche Wirkung zukommt bzw ob sie bloß als Orientierungshilfe dient, jedoch nicht bindend sein und unter welchen Umständen ihr keinerlei Bedeutung zukommen sollte.[182] Dies bedeutet, dass die Patientenverfügung bestimmter Voraussetzungen bedarf, ansonsten „sich der Arzt in einem höchst unbefriedigenden Dilemma befindet: Ist die Vorausverfügung unwirksam handelt der Arzt aber danach, kann er sich nach § 77 oder § 78 StGB strafbar machen. Andererseits könnte sich der Arzt nach § 110 StGB strafbar machen,

---

179 Vgl *Memmer*, Das Patiententestament, RdM 1996, 99 (1).

180 BGBl 1957/1 idgF, jetzt KAKuG.

181 Hierbei handelt es sich um eine Vereinbarung zwischen dem Bund und einzelnen Bundesländern gem Art 15a B-VG zur Sicherstellung der Patientenrechte. Solche Gliedstaatenverträge können jedoch keine subjektiven Rechte schaffen, sondern lediglich Pflichten für die Vertragspartner begründen.

182 Vgl *Aigner*, Die Patientenverfügung - Zur Entstehungsgeschichte des PatVG, FamZ 2006, 66 (4).

wenn das Patiententestament gültig und wirksam ist, der Arzt jedoch nicht danach handelt."[183] Die Wirksamkeitsvoraussetzungen beurteilen sich wie folgt: Zunächst kann nach § 3 Satz 1 PatVG[184] die Patientenverfügung vom Patienten nur höchstpersönlich errichtet werden. Weiters darf es nicht an der Einsichts- und Urteilsfähigkeit des Patienten mangeln (§ 3 Satz 2 PatVG). Er muss in der Lage sein, den Grund und die Bedeutung seiner Entscheidung einzusehen. Es ist somit immer vorweg zu beurteilen, ob der Patient die Chancen und Risiken der von ihm abgelehnten Behandlung erkennt, und sein Verhalten danach ausrichten kann.[185] Nach § 10 PatVG muss die Patientenverfügung frei von Willensmängeln sein, dh es muss eine ,wahre Einwilligung' iSd §§ 869 ff ABGB vorliegen. Fehlvorstellungen des Patienten führen zur absoluten Ungültigkeit der Verfügung, ebenso die Errichtung des Patiententestaments aufgrund der Folge von physischem oder psychischem Druck durch den Arzt oder Angehörigen. Was die inhaltlichen Voraussetzungen betrifft, ist zu sagen, dass Behandlungswünsche mit sofortiger lebensbeendender Wirkung (sog ,mercy killing') nicht möglich sind und dies zu einer Strafbarkeit des Arztes nach § 77 StGB führen könnte. Ein gültiger Inhalt ist im Gegensatz dazu jedoch der Wunsch, dass Behandlungsmethoden mit lebensverkürzender Wirkung durchgeführt werden. Hierbei handelt es sich um eine Art der indirekten aktiven Sterbehilfe, wobei Medikamente verabreicht werden, die zwar nicht unmittelbar zum Tode des Patienten führen, aber dennoch mittelbar den Todesprozess beschleunigen.

D. Die Mitwirkung am Selbstmord - § 78 StGB

§ 78 StGB lautet

> *„Wer einen anderen dazu verleitet, sich selbst zu töten, oder ihm dazu Hilfe leistet, ist mit Freiheitsstrafe von sechs Monaten bis zu fünf Jahren zu bestrafen."*

---

183 *Kerschner*, Arzthaftung bei Patientenverfügungen, RdM 1998, 131 (2).

184 BGBl 2006/55.

185 Vgl *Kathrein*, Das Patientenverfügungs-Gesetz, ÖJZ 2006, 34 (10).

Wie bereits erwähnt wurde die Strafbarkeit des Selbstmord(versuchs) in Österreich 1850 aufgehoben. Da somit kein diesbezüglicher Tatbestand existiert, ist auch eine Beteiligung iSd Einheitstäterschaft daran nicht denkbar. Daher hat der österreichische Gesetzgeber - im Gegensatz zu Deutschland oder der Schweiz - einen eigenen Tatbestand in das StGB eingefügt, welcher die Mitwirkung am Selbstmord unter Strafe stellt. Diese Tat ist nur vorsätzlich begehbar - ein entsprechendes Fahrlässigkeitsdelikt kennt das StGB nicht.

Die Definitionen des Freitodes - Selbstmordes - sind vielfältig. Nach Nawokovski ist „Selbstmord die vom Getöteten mit Wissen und Wollen herbeigeführte Tötung. [...] Der Sterbewille muss ohne Tatsachenirrtum entstanden, frei, wohlerwogen und psychologisch verstehbar sein."[186] Nach einer Entscheidung des OGH liegt Selbstmord iSd § 78 StGB nur dann vor, wenn „der aufgrund eines freien, im zurechnungsfähigen Zustand und ohne Willensmängel gefassten Entschlusses durch den Suizidenten selbst erfolgt."[187]

Die Einwendung eines Verbotsirrtums gem § 9 StGB hat der OGH durch die Entscheidung vom 07.03.2007 wie folgt behandelt: „Die beabsichtigte Beteiligung an der Selbsttötung eines anderen zieht eine Erkundigungspflicht nach der rechtlichen Zulässigkeit eines derartigen Verhaltens nach sich. Das Versäumnis entsprechender Erkundigungen schließt eine schuldbefreiende Wirkung des Irrtums über das in Österreich bestehende einschlägige Recht aus."[188]

Das strafrechtlich geschützte Rechtsgut entspricht jenem von § 77 Tötung auf Verlangen (Vgl Kapitel B). Im Folgenden wird sowohl auf den Aufbau des Tatbestandes des § 78 StGB eingegangen werden, als auch die diesbezügliche Strafdrohung kritisch hinterfragt und ein Überblick über die strafrechtliche Konkurrenz zu § 95 StGB gegeben.

---

186 *Nowakowski*, Das österreichische Strafrecht in seinen Grundzügen (1955) 134.

187 OGH 27.10.1998, 11 Os 82/98.

188 OGH 07.03.2008, 13 Os 114/06y.

1. Objektiver Tatbestand

a) Tatsubjekt

Auch § 78 StGB ist kein Sonderdelikt iSd § 14 StGB, wonach somit jedermann Täter sein kann.

b) Tatobjekt

Tatobjekt ist - wie beim Grunddelikt des § 75 StGB sowie bei § 77 StGB - ein anderer Mensch.

c) Tathandlung

Die Tathandlung des § 78 StGB besteht zum einen in der Verleitung zur Selbsttötung, andererseits aber auch in der diesbezüglichen Hilfeleistung dazu.

Unter Verleiten versteht man anstiften, dh jemanden iSd § 12 2. Fall StGB bestimmen. Verleiten liegt vor, wenn jemand „einen anderen zu der von diesem selbst verübten Handlung bestimmt", wobei für den Bestimmenden zumindest bedingter Vorsatz iSd § 5 Abs 1 StGB Voraussetzung ist.[189] Verleiteten erfordert jedoch nicht nur das kausale Veranlassen eines Anderen, sondern ebenso wie bei § 77 StGB die psychische Beeinflussung (subjektive Verknüpfung), die den Tatentschluss[190] beim Anderen weckt, dies beispielsweise durch Überreden oder Überspielen der Todesfurcht.[191]

Generelle Bedingung ist jedoch das Vorliegen einer geplanten Selbsttötungsentscheidung, welche vom Sterbewilligen frei- und eigenverantwortlich getroffen werden muss. Ist dies nicht der Fall, da beispielsweise dem Sterbewilligen die Einsichtsfähigkeit fehlt[192], so gelangt das Grunddelikt des § 75 StGB zur Anwendung.[193]

---

189 *Wach*, Strafrechtliche Probleme des Selbstmords, ÖJZ 1978, 481.

190 Analog zum Vorsatz.

191 Vgl *Moos*, § 78, in *Höpfel/Eckart (Hg)*, Wiener Kommentar zum Strafgesetzbuch[2] (2005) Rz 25.

192 Beispielsweise bei einem Unmündigen; oder wenn sich der zur Selbsttötung Entschlossene in einem Irrtum befindet, den der Dritte selbst verur-

Hilfeleistung zur Selbsttötung bedeutet unterstützende Beihilfe dazu. Es handelt sich um einen sonstigen Tatbeitrag iSd § 12 3. Fall StGB. Hierunter ist jedes sozial inadäquate Mittel zu verstehen, welches für den Erfolg ursächlich bzw für die Tatausführung förderlich ist. Weiters handelt es sich nur um jene Fälle, welche nicht bereits von Fall 1 oder 2 des § 12 StGB erfasst sind. Voraussetzung für das Hilfeleisten ist die innere Bereitschaft des Anderen, sich selbst zu töten, da es sich sonst um ein Verleiten iSd Fall 2 handelt.[194]

§ 78 StGB ist auch durch Unterlassen begehbar. Mit Ausnahmen des medizinischen Selbstbestimmungsrechts des Patienten nach § 110 StGB, kann beispielsweise eine Bestrafung nach §§ 2, 78 StGB dann geboten sein, wenn der Betreffende eine Garantenstellung iSd § 2 StGB innehat und somit zur Erfolgsabwendung verpflichtet gewesen wäre.[195]

2. Subjektiver Tatbestand

a) Tatvorsatz

§ 78 StGB erfordert auf der subjektiven Tatbestandsebene zumindest bedingten Vorsatz gem § 5 Abs 1 StGB. Fahrlässig kann dieses Delikt nicht begangen werden. Auch hier kann sich jedoch eine Fallkonstellation ergeben, in welcher der Täter einem Irrtum über

---

sacht hat bzw wenn der Sterbewillige durch Zwang in den Freitod getrieben wird.

193 Bei der Verweigerung der ersten Hilfe bei einem Verkehrsunfall durch einen Arzt gelangt § 95 StGB zur Anwendung. Ob § 75 StGB in einem solchen Fall durch Unterlassen begangen werden kann, ist fraglich, va deswegen da nicht geklärt ist, ob ein Behandlungsvertrag eine Garantenstellung begründet.

194 Vgl *Moos*, § 78, in *Höpfel/Eckart (Hg)*, Wiener Kommentar zum Strafgesetzbuch[2] (2005) Rz 28.

195 Dies trifft beispielsweise dann zu, wenn nach einem missglückten Selbstmord der behandelnde Arzt seiner Pflicht aus dem Behandlungsvertrag nicht nachkommt und keine lebensrettenden Maßnahmen einleitet. Auch erlischt diese Behandlungspflicht bei Verweigerung der Behandlung durch den Suizidpatienten nach §§ 48, 49 ÄrzteG nicht.

die geplante Selbsttötung des Sterbewilligen unterliegt. Wenn der Sterbewillige einer irrigen Motivation unterliegt, und der Täter diesen erkennt, aber dennoch Hilfe oder Unterstützung zur Selbsttötung leistet, so ist er nach dem Grunddelikt des § 75 StGB zu bestrafen. Beruht die Selbsttötung auf nicht ernstgemeinten Äußerungen des Täters, wie beispielsweise ‚Bring dich doch um!', so sind solche für die Strafbarkeit nach § 78 StGB nicht tatbestandsmäßig. „Das gilt insbesondere für Unmutsäußerungen, bloß rohe Redeweisen oder unangebrachte ‚Frotzeleien' bzw bei scheinbarem Eingehen auf den Mutlosen, um ihn ad absurdum zu führen, zu ärgern oder abzuwimmeln."[196]

b) Schuld

Der schuld- und somit auch strafmindernde Effekt bei § 78 1. Fall StGB liegt in der freiwilligen Entscheidung des Sterbewilligen, sein Leben zu beenden. Es handelt sich um eine „verselbstständigte Mitschuld an einer tatbestandslosen fremden Tat."[197] Auch kann jedoch im 2. Fall des § 78 StGB die Motivation in Mitleid oder anderen achtenswerten Beweggründen liegen.

3. Rechtswidrigkeit

a) Allgemeines

Wie bei § 77 StGB stellt sich auch hier die Frage, ob bei Vorliegen bestimmter Voraussetzungen das Unrecht der Tat und somit auch die Strafbarkeit entfallen.

b) Notwehr, Rechtfertigender Notstand

Notwehr oder rechtfertigender Notstand kommen mangels geeigneten höherwertigen Gutes nicht in Betracht.

---

196 *Höpfel*, Einige Fragen der subjektiven Tatseite bei Beteiligung mehrerer, ÖJZ 1982, 319.

197 *Moos*, § 78, in *Höpfel/Eckart (Hg)*, Wiener Kommentar zum Strafgesetzbuch^2 (2005) Rz 36.

c) Wirkung und historische Entwicklung des Rechtfertigungsgrundes der Einwilligung

Volenti non fit iniuria - dies bedeutet, dass das Rechtsgut durch den Rechtsgutträger selbst preisgegeben wird. Dieser Grundsatz wurde von dem führenden Juristen Ulpian um das Jahr 200 n. Chr. entwickelt. Demnach wird kein Unrecht verwirklicht, solange nach dem Willen des Opfers gehandelt wird. Es wird teilweise angenommen, dass dieser Grundsatz auch für Delikte gegen das Leben Anwendung gefunden hat. Einer anderen Ansicht folgend kommt dieses Prinzip jedoch bei Tötung auf Verlangen nicht in Frage. Eine freiwillige Aufgabe des Lebens verstößt grundsätzlich gegen die Guten Sitten, womit eine Unrechtmäßigkeit der Tötung auf Verlangen gegeben erscheint.[198]

Bei der Einwilligung iSd § 90 StGB handelt es sich somit um einen (ungeschriebenen) Rechtfertigungsgrund, wobei dem Selbstbestimmungsrecht eines jeden einzelnen erhebliche Bedeutung zukommt, und somit die Strafbarkeit des Täters aufgrund der Erlaubnis des Opfers wegen mangelnden Unrechts entfällt. Die Einwilligung ist begründet in der menschlichen Handlungsfähigkeit. Die Handlungsfähigkeit ist die Fähigkeit eines Menschen durch eigenes Verhalten Rechte und Pflichten zu begründen. Sie wird nicht mit der Geburt übertragen, sondern von der Rechtsordnung den Personen zuerkannt, die fähig sind, sich dem Recht gemäß zu verhalten und ihr eigenes Verhalten auch abschätzen zu können. Personen, die aufgrund ihrer geistigen Verfassung ihre Handlungen nicht richtig abschätzen können, stehen unter besonderem Schutz der Gesetze. Die Handlungsfähigkeit eines Menschen zeitigt sich durch zwei unterschiedliche Seiten - die Geschäfts- und die Deliktsfähigkeit. Die Geschäftsfähigkeit ist die Fähigkeit, sich durch eigenes rechtsgeschäftliches Verhalten selbst zu berechtigten oder zu verpflichten. Die Geschäftsfähigkeit wird einerseits bestimmt durch das Alter des Menschen, andererseits durch seinen Geistes-

---

198 Vgl *Beckert*, Strafrechtliche Probleme um Suizidbeteiligung und Sterbehilfe unter besonderer Berücksichtigung historischer und ethischer Aspekte (1996) 40 f.

zustand. Im älteren Recht wurde nur zwischen Unreifen (Unmündigen) und Reifen (Mündigen) unterschieden. Als Zuordnungskriterium war das äußere Erscheinungsbild, der Eintritt der Geschlechtsreife sowie die Wehrhaftigkeit ausschlaggebend. Im 13. Jahrhundert entwickelten sich regional unterschiedliche Altersgrenzen zur Bestimmung der Reife - meist 12 Jahre. Erst im Laufe des Mittelalters wurde diese Altersgrenze nach oben gesetzt. Unreife Personen standen unter der väterlichen Muntgewalt. „Während die Mündigen voll geschäftsfähig waren, waren Unmündige in ihrer Geschäftsfähigkeit beschränkt: Sie konnten sich zwar verpflichten, aber ohne Mitwirkung/Zustimmung ihres Muntwalts, der ihr Vermögen verwaltete, die Verpflichtungen nicht erfüllen. Parallel dazu konnte der Muntwalt für seine Munt-Unterworfenen Geschäfte abschließen."[199] Erst in der neuzeitlichen Rechtsentwicklung wurde zwischen Kindern (infantes - bis 7 Jahre) und Minderjährigen (minores viginti quinque annis - 7 bis 25 Jahre) unterschieden. Letztere wurden nochmals in unmündige Minderjährige (impuberes - 7 bis 14 Jahre) sowie mündige Minderjährige (puberes - 14 bis 25 Jahre) unterteilt. Die Volljährigkeit blieb aber dennoch bis ins 18. Jahrhundert regional differenziert geregelt. Erst durch die Majorennitäts-Jahresbestimung von 1753 wurde in allen deutschen Erbkönigreichen und Ländern für die Großjährigkeit die 24-Jahresgrenze festgesetzt.[200]

Die Voraussetzungen einer wirksamen Einwilligung - und somit der Straflosigkeit des Täters - sind die folgenden: Disponibilität des Rechtsgutes, Willensmängelfreiheit, Erteilung vor der Tat (sachliche Voraussetzungen), Dispositionsbefugnis und Dispositionsfähigkeit (persönliche Voraussetzungen). Es stellt sich somit die Frage, ob der ‚Sterbehelfer' aufgrund einer rechtswirksamen Einwilligung des Sterbewilligen von seiner ihm drohenden Strafbarkeit befreit werden kann.

Vorweg ist festzuhalten, dass dem menschlichen Leben als unverzichtbares Rechtsgut ein besonders hoher Schutz zukommt. Daraus

---

199 *Ogris/Olechowski*, Privatrechtsentwicklung[3] (2003), 15.

200 Vgl *Floßmann*, Österreichische Privatrechtsgeschichte[6] (2008) 41.

folgt, dass jegliche Disposition über dieses Rechtsgut nicht möglich ist und somit auch die beabsichtigte Beteiligung an einer Selbsttötung stets eine uneingeschränkte Erkundigungspflicht nach sich zieht.[201] Dies bedeutet nun, dass das Rechtsgut des menschlichen Lebens nicht disponibel ist, und der Einwilligung somit keine unrechtsbefreiende Wirkung zukommt.

Dennoch muss beachtet werden, dass „das Selbstbestimmungsrecht des tödlich erkrankten Patienten und sein Wille, nicht behandelt zu werden, respektiert werden müssen."[202] In Österreich wird dieser Wille durch § 110 StGB geschützt, wonach es gerichtlich strafbar ist, wenn der Arzt eigenmächtig eine Heilbehandlung vornimmt. Dies ist va für die strafrechtliche Relevanz der passiven Sterbehilfe von Bedeutung[203] Dies bedeutet, dass gegen den Willen des Patienten keine Heilbehandlung, dh auch keine lebensverlängernden Maßnahmen durchgeführt werden dürfen.[204]

4. Entschuldigender Notstand

Entschuldigender Notstand gem § 10 StGB ist möglich. Vergleiche hierzu die Ausführungen zu § 77 StGB.

5. Strafdrohung

Die Strafdrohung für die Mitwirkung am Selbstmord beträgt sechs Monate bis fünf Jahre Freiheitsstrafe. Grundsätzlich ist zu bemerken, dass das Verleiten strafwürdiger als das Hilfeleisten ist. Wenn beide Handlungsalternativen erfüllt sind, so wiegt dies schwerer und die Strafe wird entsprechend erhöht. Sollte die Motivation des Täters beim Verleiten oder Hilfeleisten in anderen Beweggründen als Mitleid oder achtenswerten Motiven bestehen, so wirkt dies besonders strafschärfend.

---

201 OGH 13 07.03.2008, Os 114/06y.

202 *Kert*, Sterbehilfe - Der rechtliche Rahmen für das Ende des Lebens, JAP 2005/2006, 34 (6).

203 IdS Vgl die Patientenverfügung in Kapitel C.

204 Zu erwähnen ist, dass es sich bei § 110 StGB um ein Privatanklagedelikt und quasi um ‚totes Recht' handelt.

Dennoch kann im Falle von achtenswerten Motiven oder des Mitleids die außerordentliche Strafmilderung gem § 41 Abs 1 Z 5 StGB Anwendung finden.

6. § 95 StGB – Unterlassene Hilfeleistung und echtes Unterlassungsdelikt

Wie bereits erwähnt können die Delikte der §§ 77 und 78 StGB sowohl durch aktives Tun, als auch durch passives Unterlassen begangen werden. Die Strafrechtsdogmatik unterscheidet grundsätzlich zwischen echten und unechten Unterlassungsdelikten. Bei echten Unterlassungsdelikten ist das Delikt bereits erfüllt, sobald die im Gesetz beschriebene Tathandlung gesetzt wird. Im Gegensatz dazu handelt es sich bei sog unechten Unterlassungsdelikten grundsätzlich um Erfolgsdelikte, wobei der Erfolg dadurch Eintritt, dass jemand, den eine Handlungspflicht trifft, untätig bleibt. „Unechte Unterlassungsdelikte sind Delikte, bei denen das Gesetz die Herbeiführung eines Erfolgs durch Nichtvornahme eines gebotenen Tuns mit Strafe bedroht."[205]

Grundsätzlich begeht Tötung auf Verlangen nach §§ 2, 77 StGB und Mitwirkung am Selbstmord gem §§ 2, 78 StGB durch Unterlassen, wer seine erforderliche Handlungspflicht vernachlässigt und der Erfolg – der Tod – eintritt bzw durch vorsätzliches Unterlassen der Tod eingetreten ist. Jedoch trifft nicht jeden eine Handlungspflicht, sondern das Gesetz verpflichtet nur ganz bestimmte Personen zu einer bestimmten Handlung. Diese Personen nennt man Garanten und die Strafbarkeit nach §§ 2, 77 bzw §§ 2, 78 StGB kann immer nur denjenigen treffen, der eine Garantenstellung innehat bzw wen eine Garantenpflicht trifft.[206]

Der Tatbestand des unechten Unterlassungsdeliktes ist folgendermaßen aufgebaut: Zuerst muss der Erfolg eintreten, welche die

---

205 Vgl *Kienapfel/Höpfel*, Strafrecht Allgemeiner Teil[11] (2005) 179.

206 Eine Garantenpflicht ist eine spezifische und qualifizierte Pflicht, da der Garant für die Abwendung des drohenden Erfolges haftet. Garant iSd § 2 StGB ist, wer rechtlich dafür einzustehen hat, dass der Erfolg nicht eintritt. Vgl *Kienapfel/Höpfel*, Strafrecht Allgemeiner Teil[11] (2005) 181.

übertretene Norm zu verhindern versucht. Dieser Erfolg muss dadurch eingetreten sein, dass ein gebotenes Tun nicht vorgenommen wurde. Das gebotene Tun „ergibt sich für das jeweilige Delikt aus der gesetzlichen Situationsbeschreibung."[207] Weiters muss für dieses nicht erfolgte Tun eine tatsächliche Handlungsmöglichkeit bestanden haben. Daran kann es beispielsweise fehlen, wenn „der Betreffende blind oder sonst gebrechlich, verletzt oder zu weit entfernt ist, die zur Rettung notwendigen Hilfsmittels, Erfahrungen oder Kenntnisse nicht besitzt und auch keine hilfsfähigen Personen alarmieren kann."[208] Auch muss die Nichtvornahme des gebotenen und möglichen Tuns ‚hypothetisch' kausal für den Erfolgseintritt sein, dh der Erfolg hätte mit an Sicherheit grenzender Wahrscheinlichkeit abgewendet werden können, hätte der Verpflichtete die Handlung vorgenommen. Schließlich muss für das unechte Unterlassungsdelikt den Täter noch eine besondere Pflicht zum Handeln - die sog Garantenpflicht - treffen. „Unmittelbarer Täter eines unechten Unterlassungsdelikts kann nicht jedermann sein, sondern nur eine Person, die aufgrund ihrer qualifizierten Pflichtenstellung Garant für die Abwendung des Erfolgs ist."[209] Garantenstellungen können resultieren aus einer Rechtsvorschrift[210], aus einer engen natürlichen Verbundenheit[211], aus einer freiwilligen Pflichtenübernahme[212], Gefahrengemeinschaft[213], aus einem gefahrbegründeten Vorverhalten (Prinzip der Ingerenz)[214] oder der Überwachung oder

---

207 *Fuchs*, Strafrecht Allgemeiner Teil[2] (1997) 355.

208 *Kienapfel/Höpfel*, Strafrecht Allgemeiner Teil[11] (2005) 185.

209 *Kienapfel/Höpfel*, Strafrecht Allgemeiner Teil[11] (2005) 187.

210 Beispielsweise die Pflicht für Ehegatten zum gegenseitigen Beistand nach §§ 44, 90 Abs 1 ABGB.

211 Dies gilt beispielsweise für Bruder und Schwester oder für Verlobte.

212 Hier ist demonstrativ die Fürsorgepflicht der Pflegeeltern oder der Löscheinsatz von Feuerwehrleuten gemeint.

213 Gemeinsame Wanderausflüge in Gruppen, gemeinsame Badeausflüge.

214 „Wer durch sein objektiv pflichtwidriges Verhalten eine nahe Gefahr für fremde Rechtsgüter herbeiführt, ist verpflichtet, den Eintritt des Erfolges abzuwenden.", Vgl *Kienapfel/Höpfel*, Strafrecht Allgemeiner Teil[11] (2005) 193.

Eröffnung einer Gefahrenquelle, welche aus der Verkehrssicherheitspflicht des Zivilrechts resultiert.

Für die Strafbarkeit nach §§ 2, 77 bzw §§ 2, 78 StGB bedeutet dies nun, dass ein Garant durch ein passives Unterlassen, dh die Nichtvornahme einer gebotenen Hilfeleistung den Sterbewilligen durch ein bloßes „Gewährenlassen bzw die vorsätzliche Nichthinderung des Selbstmörders“[215]mittelbar tötet, bzw an dessen Freitod mitwirkt[216]. „Das Wissen um die Relevanz des Selbstmordentschlusses ist hier von entscheidender Bedeutung, ob der Garant gem § 78 iVm § 2 oder gem § 75 iVm § 2 zur Verantwortung zu ziehen ist. Denn: Ist der Sterbewille nicht frei und beachtlich zustande gekommen (es fehlt die natürliche Einsichts- und Urteilsfähigkeit in die Bedeutung und Tragweite des Selbstmordentschlusses), so kommt dem Garanten, der durch vorsätzliche Unterlassung der Verhinderung des Selbstmords Hilfe leistet, nicht die privilegierende Bestimmung des § 78 zugute, er haftet wegen Mordes nach § 75 iVm § 2.“[217]

Anders ist die Situation zu beurteilen, wenn ein Nicht-Garant die gebotene Hilfeleistung zur Verhinderung des Freitodes eines anderen nicht wahrnimmt. „Im Allgemeinen ist [...] die Nichthinderung eines Selbstmörders nicht strafbar. Aus § 78 StGB ist die Strafhaftung für den unbeteiligten Dritten nicht ableitbar. Ist der Selbstmordentschluss frei verantwortlich, ist die Strafbarkeit des Nicht-Garanten wegen Unterlassung der Hilfeleistung (§ 95 StGB) zu

---

215 *Frank/Eder/Harrer*, Doppelselbstmord: Mitwirkung am Selbstmord? Tötung auf Verlangen? Probleme retrospektiver Rekonstruktion von Motivstruktur und Handlungsablauf, ÖJZ 1994, 805 (4).

216 Dies ist beispielsweise dann der Fall, wenn der Ehemann um den Selbstmordentschluss seiner Gattin weiß (dennoch ist Wissen nicht erforderlich, es genügt bereits dolus eventualis iSd § 5 Abs 1 StGB) und ihre Selbsttötung nicht verhindert. Hier haftet der Ehemann als Garant iSd § 2 StGB aufgrund einer Rechtsvorschrift, nämlich der ehelichen Beistandspflicht gem §§ 40, 90 Abs ABGB. Dennoch ist Wissen nicht erforderlich, es genügt bereits dolus eventualis iSd § 5 Abs 1 StGB.

217 *Wach*, Strafrechtliche Probleme des Selbstmords, ÖJZ 1978, 482.

verneinen."[218] Die Unterlassung der Hilfeleistung nach § 95 StGB ist ein echtes Unterlassungsdelikt. Dies bedeutet, dass Strafbarkeit schon wegen der Nichtvornahme eines gebotenen Tuns eintritt, ohne, dass ein bestimmter Erfolg erreicht wird. § 95 StGB ist somit ein Allgemeindelikt, dh Täter kann jedermann sein. Gem § 95 StGB ist strafbar, wer vorsätzlich in einem Unglücksfall oder bei Auftreten einer Gemeingefahr die offensichtlich erforderliche Hilfe nicht leistet. „Offensichtlich erforderlich ist die Hilfeleistung, wenn ihre Notwendigkeit augenscheinlich ist, um die (konkrete) Gefahr des Todes oder einer beträchtlichen Körperverletzung oder Gesundheitsschädigung abzuwenden."[219] Fraglich ist in diesem Zusammenhang, ob der Freitod(versuch) einen solchen Unglücksfall darstellt. „Unglücksfälle sind idR plötzlich eintretende Ereignisse, die erhebliche (konkrete) Gefahren für Leib und Leben eines anderen befürchten lassen."[220] bzw nach der EBRV 1971 „ein plötzlich eingetretenes Ereignis [...], das beträchtlichen Schaden verursacht oder einen solchen Schaden besorgen lässt." Für die Strafbarkeit des Nicht-Garanten nach § 95 StGB ist relevant, ob der Freitod freiverantwortlich geschieht, denn „eine mit Wissen und Wollen herbeigeführte Selbsttötung, kann somit begrifflich kein Unfall sein."[221] Eine andere Ansicht wird ebenso vertreten, wonach der Selbstmordversuch idR einen Unglücksfall darstellt und dieser die allgemeine Hilfeleistungspflicht auslöst.[222]

---

218 *Feichtiger/Griebnitz/Mitterauer*, Strafrechtliche Probleme des Doppelselbstmordversuches (Darstellung von rechtlichen und forensisch-psychiatrischen Problemen in der Beurteilung eines Doppel-Selbstmordversuches), RZ 1991, 164 (3).

219 *Birklbauer/Kepplinger*, Strafrecht Besonderer Teil[20] (2008) 69.

220 *Kienapfel/Schroll*, Srafrecht Besonderer Teil I[5] (2003) 212.

221 *Wach*, Strafrechtliche Probleme des Selbstmordes, ÖJZ 1978, 479 (5).

222 Vgl *Nowakowski*, § 95, in *Höpfel/Eckart (Hg)*, Wiener Kommentar zum Strafgesetzbuch[2] (2005) Rz 5.

E. Die Abgrenzung zwischen § 77 und 78 StGB

Die Abgrenzung, ob im Einzelfall eine Bestrafung nach § 77 oder § 78 StGB geboten ist, ist schwierig. Viele Handlungen sind nicht eindeutig zuordenbar, da zum einen keine taxativen und konkreten Abgrenzungskriterien existieren, zum anderen manche Handlungen sowohl ein Element einer aktiven Tötung beinhalten, als auch ein Element zur bloßen Mithilfe zum Freitod. Gemeinsam ist beiden, dass sich das Opfer selbst tötet - mit Hilfe eines anderen oder durch einen anderen.

Die von der Lehre und Judikatur entwickelten Abgrenzungskriterien sind vielfältig, haben jedoch eines gemeinsam. Nach *Bertel/ Schwaighofer* „nimmt bei der Mitwirkung am Selbstmord das Opfer die Handlung selbst vor, die unmittelbar zu seinem Tod führt oder führen soll (Tötungshandlung); der Täter trägt irgendwie dazu bei. Bei der Tötung auf Verlangen nimmt der Täter die Tötungshandlung vor."[223] Auch nach *Kienapfel/Schroll* ist die Ausführungsherrschaft das maßgebende Abgrenzungskriterium, dh die eigenverantwortliche Beherrschung des Todeseintritts. Diese hängt von vielen, ua von der gewählten Tötungsmethode ab. Bei einer verzögerten Tötungshandlung beherrscht der Sterbewillige die Situation und die Ausführung so lange, als er die Möglichkeit besitzt, das Selbsttötungsgeschehen zu unterbrechen. Bis dahin geleistete Tatbeiträge von Dritten sind daher idR als Mitwirkung am Selbstmord zu qualifizieren.[224] *Moos* grenzt zum einen § 77 und § 78 StGB nach materiellen Gesichtspunkten in Relation zu § 75 StGB ab. Rein formell erfüllt der Täter zwar das Tatbild des § 75, dennoch ist die Abgrenzung nach Abwägung der verschiedenen Risikobereiche zwischen einvernehmlicher Fremdgefährdung (§§ 75, 77, 80) und Mitwirkung an freiwilliger Selbstgefährdung (§ 78) zu treffen. Der Unterschied zwischen § 77 und § 78 verschwimmt besonders beim Unterlassen des Täters und beim Unterlassen der möglichen Abwehr durch das Opfer. Diese Situation ist für § 77 typisch, denn es folgt dem Tötungsverlangen des Opfers, dass es sich mit dem bal-

---

223 *Bertel/Schwaighofer*, Strafrecht Besonderer Teil I[10] (2008) 5.

224 Vgl *Kienapfel/Schroll*, Strafrecht Besonderer Teil I[5] (2003) 30.

digen Tode abfindet. Andererseits ist aber auch bei § 78 möglich, dass der Sterbewillige sich dadurch selbst tötet, indem er sich der tödlichen Gefahr durch einen Anderen nicht entzieht. Dies, obwohl er die Möglichkeit und die Fähigkeit dazu besitzt und somit den Erfolgseintritt letztendlich dennoch selbst beherrscht. Nur das Verlangen ist kein maßgebendes Abgrenzungskriterium, denn der Sterbewillige kann auch die Hilfe nach § 78 verlangen und bei § 77 kann der Täter den anderen zum Verlangen seiner Tötung veranlassen. Das Empfinden des Sterbewilligen kann somit für die Tatbestandsabgrenzung zwischen § 77 und § 78 nicht maßgebend sein, denn der Sterbewillige empfindet auch § 77 als Selbsttötung, weil sich der Täter seinem Willen beugt.[225] Weiters ist für die Abgrenzung wichtig, dass der Dritte gem § 78 strafbar ist, wenn er zwar die lebensgefährliche Ursache setzt, aber den eingetretenen Erfolg - den Tod - nicht unmittelbar zu verantworten hat. Der Risikobereich verschiebt sich jedoch, wenn der Außenstehende die Situation und die Herbeiführung des endgültigen Erfolges ausschließlich beherrscht. Dies tut er, wenn er beispielsweise dem Todkranken Gift einflößt, andererseits aber auch, wenn er es als Garant unterlässt, den Todkranken von seinem Vorbringen abzuhalten.

Nach einer Entscheidung des OGH von 27.10.1998 „setzt Selbstmord iSd § 78 StGB zum Unterschied von ‚Fremdtötung' voraus, dass der zur Selbsttötung Entschlossene selbst Hand an sich legt, mithin die den Tod auslösende Handlung unmittelbar an sich vornimmt."[226]

Zusammenfassend kann festgehalten werden, dass es bei der Abgrenzung zwischen § 77 und 78 StGB primär auf die Ausführungsherrschaft ankommt, dh auf denjenigen, welcher die eigentliche Handlung, die zum Tode führt vornimmt. Setzt der Dritte die Handlung, findet der Tatbestand der Tötung auf Verlangen Anwendung, tut es der Sterbewillige selbst und leistet ihm der Dritte

---

225 Vgl *Moos*, § 78, in *Höpfel/Eckart (Hg)*, Wiener Kommentar zum Strafgesetzbuch^2 (2005) Rz 39.

226 OGH 27.10.1998, 11 Os 82/98.

dazu nur mittelbare Hilfe, so ist der Tatbestand der Mitwirkung am Selbstmord nach § 78 StGB gegeben.

F. Einheitstäterschaft und deliktsspezifischer Tätertyp

In diesem Kapitel soll ein Überblick über die in Österreich und Deutschland herrschenden strafrechtlichen Beteiligungssysteme gegeben werden. Dieses Verständnis ist wichtig, um die Dogmatik und auch die unterschiedlichen Folgen, welche an die verschiedenen Beteiligungssysteme anknüpfen, darstellen zu können.

Mitwirkung am Selbstmord impliziert die Beteiligung eines Dritten an der Tat eines anderen. Die Beteiligung im Strafrecht an Delikten, die durch jemanden anderen - durch den unmittelbaren Täter - begangen wurden, stellt in dogmatischer Hinsicht eine recht umstrittene Thematik dar, wobei fraglich ist, inwiefern der Dritte tatsächlich zur unmittelbaren oder mittelbaren Tatausführung beigetragen hat, und sich somit selbst strafbar gemacht hat. Die Beteiligung hat somit eine Doppelnatur. Zum einen geht es um die Frage, wer unmittelbarer Täter ist, dh die Tat in unmittelbarer Weise ausführt. Zum anderen ist die Form der Beteiligung relevant für die Strafzumessung. Hierbei muss das Gesetz berücksichtigen, dass jeder Täter nach Maßgabe seines eigenen Unrechts und seiner eigenen Schuld zur Verantwortung gezogen wird.[227]

Grundsätzlich unterscheidet die Strafrechtsdogmatik zwei unterschiedliche Systeme der Beteiligung, wobei jeweils der tatsächliche Tätertypus je nach Reichweite unterschiedlich definiert wird. Der restriktive Täterbegriff geht davon aus, dass unmittelbarer Täter nur derjenige sein kann, welcher die im Gesetz beschriebene Ausführungshandlung setzt.[228] Alle anderen Beteiligten sind keine Täter der unmittelbaren Tat, sondern bloße Teilnehmer. Anders definiert ist der sog extensive Täterbegriff. Dabei ist jeder unmittelbarer Täter, welcher nur irgendwie zur unmittelbaren Tatausführung beigetragen hat. Korrespondierend zu diesen Tätertypen existieren mehrere Beteiligungssysteme, welche genau auf diese Definitionen

---

[227] Vgl *Kienapfel/Höpfel*, Strafrecht Allgemeiner Teil[11] (2005) 199.

[228] Vgl *Fuchs*, Strafrecht Allgemeiner Teil[2] (1997) 286.

des unmittelbaren Täters eingehen. In Österreich gilt der extensive Täterbegriff und somit das sog Einheitstätersystem. Dies bedeutet, dass jeder, der an einem Delikt eine Ausführungsteilhabe hat, zum Täter wird. Das in Österreich geltende funktionale Einheitstätersystem differenziert noch zusätzlich zwischen Kategorien von Tätern[229] Diese Differenzierungen haben nur plakativen Charakter - die Strafdrohung ist sowohl für den unmittelbaren Täter, als auch für Bestimmungs- und Beitragstäter dieselbe. Im Gegensatz dazu gilt in Deutschland das sog Teilnahmesystem. Dieses ist dadurch charakterisiert, dass unmittelbarer Täter nur derjenige ist, der unmittelbar das jeweilige Delikt begeht. Sämtliche andere Beteiligte - ob Anstifter oder Gehilfe - sind bloße Teilnehmer. Dies zeitigt Folgen va in der Strafzumessung, da Anstifter oder Gehilfen geringer bestraft werden, als der unmittelbare Täter. Wichtig zu erwähnen ist, dass die Teilnehmer im Teilnahmesystem sowohl für fremdes Unrecht, als auch für fremde Schuld haften, dh die Strafbarkeit der Teilnehmer ist abhängig von der Strafbarkeit des unmittelbaren Täters. Kann dem unmittelbaren Täter kein Vorwurf gemacht werden und kann er somit nicht bestraft werden, so haften auch die Teilnehmer nicht, auch wenn ihnen dennoch eigenes Unrecht und eigene Schuld angelastet werden könnte. Diese qualitative Akzessorietät der Teilnahme bedeutet nun, dass für eine Strafbarkeit der Teilnehmer eine strafbare Haupttat vorhanden sein muss.[230]

Da in Österreich die Selbsttötung seit 1850 nicht mehr strafbar ist, kann es somit auch keinen unmittelbaren Täter geben. Dies zeitigt Auswirkungen auf die Beteiligung an fremder Selbsttötung. Es wird beim Vollzug des Freitodes kein Delikt begangen; folglich wäre auch niemand zu bestrafen - weder der Sterbewillige selbst, noch derjenige, der ihm dazu Hilfe geleistet hat. Der österreichi-

---

229 Bestimmungstäter iSd § 12 2. Fall StGB ist jemand, wer vorsätzlich einen anderen zur Ausführung einer strafbaren Handlung veranlasst. Beitragstäter nach § 12 3. Fall StGB ist, wer vorsätzlich oder fahrlässig in sonstiger Weise zur Ausführung einer strafbaren Handlung beiträgt.

230 Diese qualitative Akzessorietät ist das zentrale dogmatische Strukturprinzip des dualistischen Teilnahmesystems, Vgl näher *Kienapfel/Höpfel*, Strafrecht Allgemeiner Teil[11] (2005) 202.

sche Gesetzgeber hat jedoch seinen eigenen Weg gewählt. Da aufgrund des Systems der Einheitstäterschaft eine Bestrafung der Beteiligung ausscheidet, wurde kurzerhand ein eigener Straftatbestand eingefügt, welcher genau diesen Beitrag als unmittelbare Täterschaft unter Strafe stellt. Der Täter des § 78 StGB ist somit ein deliktsspezifischer Tätertypus und unabhängig von der Strafbarkeit der Selbsttötung schlechthin. Anderes gilt für Deutschland aufgrund des dort geltenden Teilnahmesystems. Da es keine Haupttat und keinen unmittelbaren Täter gibt, kann es auch keine Teilnahme geben.

G. Fazit

Wie dargestellt, sind die Regelungen der Strafbarkeit in Österreich betreffend Sterbehilfe sehr unterschiedlich. Zur Ermittlung der Strafbarkeit ist zuallererst immer eine Abgrenzung vorzunehmen, ob der Helfende aktiv am Tötungsgeschehen teilnimmt, oder sich sonst daran in irgendeiner Weise beteiligt. Während die aktive Vornahme der Tötungshandlung ein Tötungsdelikt darstellt und nach § 77 StGB mit Freiheitsstrafe bis zu fünf Jahren zu bestrafen ist, ist die passive Sterbehilfe in Österreich nur in besonderen Fallkonstellationen strafbar. Dies dann, wenn der Helfende eine Garantenstellung nach § 2 StGB innehat und den Tod des Sterbewilligen nicht abwendet. Anders beurteilt sich die Lage, sofern eine Verfügung des Sterbewilligen vorliegt, dass im Falle seiner Bewusstlosigkeit und der hohen Wahrscheinlichkeit seines baldigen Todeseintritts, lebenserhaltende Maschinerien und Medikationen nicht länger fortgesetzt oder verabreicht werden sollen. Eine Verpflichtung aus § 95 StGB ergibt sich nicht, da die bewusste Selbsttötung keinen Unglücksfall darstellt.[231] Eine Besonderheit des österreichischen Strafrechts - im Vergleich zum deutschen und schweizerischen - stellt die Mitwirkung am Freitod eines anderen dar. Dies kann einerseits durch psychische Unterstützung iSv Zureden, als auch durch aktive Anteilnahme am Selbsttötungsgeschehen vor sich gehen, indem giftige Substanzen oder andere ‚Todeswerkzeu-

[231] Vgl die andere Ansicht in *Nowakowski*, § 95, in *Höpfel/Eckart (Hg)*, Wiener Kommentar zum Strafgesetzbuch² (2005) Rz 5.

ge' zur Verfügung gestellt werden. Liegt die Ausführungsherrschaft in solchen Fällen immer noch beim Sterbewilligen, dann liegt eine Strafbarkeit nach § 78 StGB vor, ansonsten § 77 StGB zur Anwendung gelangt.

Dritter Teil

Die Entwicklung der Strafbarkeit der Mitwirkung am Selbstmord in Deutschland

I. Einführung

In diesem dritten Teil soll zum einen die geschichtliche Entwicklung der Sterbehilfe in Deutschland im Allgemeinen dargestellt, zum anderen auf die Entwicklung der Strafbarkeit eingegangen werden.

Gerade in letzter Zeit wird bei der Tötung auf Verlangen immer öfter die Frage nach der Notwendigkeit des Tatbestands gestellt. Auch wird der Wunsch geäußert, für Ärzte, Verwandte oder besondere Konfliktsituationen Ausnahmeregelungen zu entwickeln, welche die Strafbarkeit der Tötung auf Verlangen entfallen lassen.[232] Im Gegensatz zu Österreich geht das deutsche Strafrecht, dies auch bedingt durch die deutsche Strafrechtsdogmatik, eigene Wege. Dies betrifft va die Straflosigkeit der Mitwirkung oder Beihilfe zum Selbstmord.

Im Folgenden wird die Entwicklung der Strafbarkeit des Freitods selbst, der Strafbarkeit der Tötung auf Verlangen sowie der Mitwirkung am Selbstmord eines anderen dargelegt. Die Situation im Mittelalter bis zur frühen Neuzeit wird nicht dargestellt. Vielmehr ist diesbezüglich auf die Ausführungen in Kapitel II.A im zweiten Teil der Schrift zu verweisen, sodass sich folgende Erläuterungen insbesondere vom 18. Jahrhundert ausgehend bis zur aktuellen Rechtslage in Deutschland erstrecken.

II. Historische Entwicklung

A. Deutsche Partikularrechte vom 18. Jahrhundert bis zum frühen 19. Jahrhundert

Die Tötung auf Verlangen fand zum ersten Mal im ‚Verbesserten Landrecht für das Königreich Preußen' von 1721 Erwähnung. Es

---

232 Vgl *Große-Vehne*, Tötung auf Verlangen (§ 216 StGB), „Euthanasie" und Sterbehilfe - Reformdiskussion und Gesetzgebung seit 1870 (2005) 9.

gab zwar keinen ausdrücklichen Tatbestand, jedoch wurde in Art II § III festgehalten, dass die Einwilligung bzw das Verlangen des Sterbewilligen keinen Einfluss auf die rechtliche Beurteilung des Delikts hatte.

Art II, § III, sechstes Buch, Titulus VI des ,Verbesserten Land-Recht für das Koenigreich Preußen', lautete

> *„Wer einem das Leben nimmt und todt schläget, ob gleich der Erschlagene solches verlanget, und den Occisorem darum gebehten hätte, der soll ebenfalls durch das Schwerdt vom Leben zum Tode gebracht werden."*

Dies bedeutete, dass trotz des Vorliegens (aus heutiger Sicht) privilegierender Umstände, sämtliche Tötungen unter dem Tatbestand des Mordes subsumiert wurden; eine Strafmilderung war nicht vorgesehen.[233]

Fortschrittlicher zeigte sich das ,Allgemeine Landrecht für die Preußischen Staaten' von 1794 (ALR II), welches einen eigenen Sondertatbestand für die Tötung auf Verlangen einführte. ALR II 20 § 834 lautete:

> *„Wer einen Andern auf dessen Verlangen tödtet, oder ihm zum Selbstmorde behülflich ist, hat sechs- bis zehnjährige, und bey einem überwiegenden Verdachte, den Wunsch nach dem Tode bey dem Getödteten selbst veranlasst zu haben, lebenswierige Festungs- oder Zuchthausstrafe verwirkt."*

Dieses Delikt sah also eine Privilegierung des Mordes nach § 826 vor, wonach die Strafe von der sog Radstrafe bzw der Hinrichtung durch das Schwert in eine Festungs- oder Zuchthausstrafe umgewandelt wurde.[234] Auch in Württemberg, Braunschweig, Baden, Hamburg und Thüringen bestanden ähnliche Tatbestände, welche

---

233 Vgl *Große-Vehne*, Tötung auf Verlangen (§ 216 StGB), „Euthanasie" und Sterbehilfe - Reformdiskussion und Gesetzgebung seit 1870 (2005) 11.

234 Vgl *Große-Vehne*, Tötung auf Verlangen (§ 216 StGB), „Euthanasie" und Sterbehilfe - Reformdiskussion und Gesetzgebung seit 1870 (2005) 12.

recht milde bestraft wurden. Im sächsischen Strafgesetzbuch[235] fand sich in § 157 folgende Regelung

> *„Ist jemand durch das ausdrückliche und ernstliche Verlangen des Getöteten zu der Tötung bestimmt worden, so ist auf Gefängnis oder Arbeitshaus bis zu vier Jahren zu erkennen."*

Diese Regelung wurde fast identisch in den geltenden § 216 dStGB übernommen.[236]

Auch stand der Freitod selbst noch unter Strafe. Man sprach sich eindeutig für die Missbilligung des Freitods aus und forderte seine Bestrafung. Ua der Naturrechtler Pufendorf hielt den Freitod für unerlaubt und moralisch verwerflich, da er ein Verbrechen gegen Gott, die Natur und die Gesellschaft darstelle.[237] Auch der Philosoph und Mathematiker Wolff erkannte keinen Unterschied zwischen Mördern und Selbstmördern. Erst 1751 unter dem Einfluss von Voltaire erließ der preußische König Friedrich II[238] ein Edikt, welches die Strafbarkeit der Selbsttötung aufhob. Aufgrund der höfischen Anwesenheit Voltaires und der stoischen Auffassung, die Friedrich II vertrat, ging er noch einen Schritt weiter und erklärte, dass jeder Mensch ein Recht habe, selbst zu bestimmen, wann und wie er sein Leben zu beenden gedenkt.[239] In Bayern beispielsweise wurde die Strafbarkeit des Suizids erst 1813 unter dem Einfluss Feuerbachs abgeschaffen. Feuerbach sprach sich für den Präventionszweck von Strafen aus und erachtete postmortale Sanktionen für zwecklos. Auch das Badische Strafedikt von 1803 und das säch-

---

235 Criminalgesetzbuch für das Königreich Sachsen von 1855.

236 Vgl *Simson,* Die Tötung aus Barmherzigkeit in rechtsvergleichender Sicht, in *Eser (Hg),* Suizid und Euthanasie als human- und sozialwissenschaftliches Problem (1976) 322.

237 Vgl *Beckert,* Strafrechtliche Probleme um Suizidbeteiligung und Sterbehilfe unter besonderer Berücksichtigung historischer und ethischer Aspekte (1996) 73.

238 1712–1786.

239 Vgl *Lind,* Selbstmord in der Frühen Neuzeit: Diskurs, Lebenswelt und kultureller Wandel am Beispiel der Herzogtümer Schleswig und Holstein (1999) 54.

sische Kriminalgesetzbuch von 1838 bekannten sich zur Straflosigkeit des Freitods.[240]

Was die Mithilfe an der Selbsttötung betrifft, so lässt sich sagen, dass zu Beginn der Strafgesetzgebung wenig einschlägige Bestimmungen diesbezüglich existierten. Erst nach Abschaffung der Suizidstrafbarkeit ergingen in Baden, Braunschweig, Thüringen und Sachsen Sonderbestimmungen gegen die Suizidteilnahme. Nach dem Allgemeinen Landrecht von Preußen[241] wurde die Freitodbeteiligung wie die Tötung auf Verlangen behandelt und konnte somit hohe Freiheitsstrafen zur Folge haben.[242]

B. Deutsche Partikularrechte bis 1870

1. Allgemeines

„Die deutschen Partikularstrafgesetzbücher des 19. Jahrhunderts zeichneten ein uneinheitliches Bild von dem uns heute als Tötung auf Verlangen bekannten Tatbestand, dh von einer mit Einwilligung bzw auf Verlangen des Opfers erfolgten Tötung, und spiegelten damit anschaulich die Meinungskontroversen um diesen Tatbestand in der wissenschaftlichen Literatur wider. Uneinigkeit bestand bereits über die grundlegende Frage, ob man diese Art der Tötung überhaupt gesondert berücksichtigen solle und wenn ja, inwiefern die besonderen Umstände Auswirkungen auf die zu verhängende Strafe haben sollten."[243]

Grundsätzlich können in den deutschen Partikularrechten des 19. Jahrhunderts drei verschiedene Systeme der Behandlung der Strafbarkeit der Tötung eines Einwilligenden bzw der Tötung auf Verlangen unterschieden werden. Das erste System billigte der Einwilligung des Sterbewilligen eine geringere Strafdrohung zu,

---

[240] Vgl *Beckert*, Strafrechtliche Probleme um Suizidbeteiligung und Sterbehilfe unter besonderer Berücksichtigung historischer und ethischer Aspekte (1996) 91.

[241] Allgemeines Landrecht für die Preußischen Staaten von 1794.

[242] Vgl *Czinczoll*, Solidaritätspflichten bei der Selbsttötung (1984) 35.

[243] *Große-Vehne*, Tötung auf Verlangen (§ 216 StGB), „Euthanasie" und Sterbehilfe - Reformdiskussion und Gesetzgebung seit 1870 (2005) 13.

während das zweite System jegliche Einwilligung ablehnte und somit die Rechtsgutverletzung der Tötung bzw des Mordes weiterbestand. Das dritte System ging auf die Tötung auf Verlangen und die Sterbehilfe nicht ein, dh diesbezügliche Tatbestände fanden keine Erwähnung.

Zum ersten System zählt beispielsweise das Königlich-Sächsische Criminalgesetzbuch von 1838. Dort heißt es in Art 125, dass der Täter, welcher durch das ausdrückliche und ernstliche Verlangen des Getöteten zur Tötung bestimmt worden ist, mit sechs Monaten bis zu drei Jahren Gefängnisstrafe zu bestrafen ist. Ähnliche Bestimmungen fanden sich auch im Strafgesetzbuch von Braunschweig aus 1840 oder im Hessischen Strafgesetzbuch von 1841.[244]

Beispiele für jene Systeme, welche die Einwilligung als Rechtfertigungsgrund bzw als Basis für eine mildere Strafe ablehnten, sind das Bayrische Strafgesetzbuch von 1813 sowie das Oldenburgische Gesetzbuch von 1814. Hierbei wurde der Einwilligung des Sterbewilligen keinerlei Beachtung geschenkt, sodass sich die Strafbarkeit der Tötung auf Verlangen nach dem Grunddelikt - Mord oder Totschlag - richtete und eine Strafmilderung nicht in Betracht kam.

2. Preußisches Partikularrecht

Das Allgemeine Landrecht von 1794 wurde im Laufe der nachfolgenden Jahre immer mehr kritisiert, sodass von König Friedrich Wilhelm III Aufträge an Justizrat Klein zur Gestaltung von Reformentwürfen erlassen wurden. Diese Entwürfe für eine ‚Criminalordnung' wurden zwar erarbeitet, das Reformvorhaben kam jedoch aufgrund historischer Ereignisse, wie etwa die Befreiungskriege 1815 zum Stillstand. Erst 1825 bzw 1826 wurden unter Danckelmann und Bode an weiteren Entwürfen zu einem Criminal-Gesetz-Buches für die Preußischen Staaten gearbeitet, welche 1828 vorgelegt wurden. Darin finden sich im zweiten Titel, achter Abschnitt mit der Überschrift ‚Tödtung in gutgemeinter Absicht und Beihilfe zum Selbstmord' folgende Tatbestände:

---

244 Vgl *Große-Vehne*, Tötung auf Verlangen (§ 216 StGB), „Euthanasie" und Sterbehilfe - Reformdiskussion und Gesetzgebung seit 1870 (2005) 16.

§ 12

> *„Wer tödlich Verwundeten oder Todtkranken in vermeintlich guter Absicht das Leben abkürzt, hat ein- bis vierjährige Arbeitshausstrafe verwirkt."*

§ 13

> *„Wer, außer dem Falle des § 12., wissentlich einem Anderen zum Selbstmorde behülflich ist, soll mit Zuchthausstrafe, und wer einen Anderen auf dessen Verlangen tödtet, mit Zwangsarbeit bis zu funfzehn Jahren bestraft werden."*

Dieser Entwurf erlangte keine Gesetzeskraft, weitere Entwürfe folgten. So wurde im Entwurf von 1833 zwar an den obengenannten Grundsatzbestimmungen festgehalten, dennoch kam es zu einer weiteren Strafmilderung für die Beihilfe zum Freitod, während die Strafe für Tötung auf Verlangen beibehalten wurde. Auch die weiteren Entwürfe von 1843 und 1845 brachten nur geringfügige Änderungen mit sich. Man war sich in der Gesetzeskommission nicht einig, ob die Einwilligung des Sterbewilligen einen strafmindernden Effekt haben, oder als alleiniger Tatbestand für solche Fallkonstellationen der Mord zur Anwendung gelangen sollte. Der endgültige Entwurf von 1850 sah vor, dass sämtliche Tatbestände betreffend Tötung auf Verlangen und Beihilfe zum Freitod keine Erwähnung mehr finden sollten. Dieser Entwurf trat als Strafgesetzbuch 1851 in Kraft und es fanden sich folglich keinerlei Regelungen mehr betreffend diese Fallkonstellationen. In Fällen der Tötung auf Verlangen wurde diese nach § 175 des Strafgesetzbuches 1851 als Mord bestraft. Die Beihilfe zum Freitod wurde straflos gehalten wurde.[245]

3. Sächsisches Partikularrecht

Vor 1838 galt in Sachsen das gemeine Strafrecht, vermischt mit einigen Teilen des Sachsenspiegels und besonderer Gewohnheitsrechte. 1810 gab König Friedrich August I den Auftrag, einen Ent-

---

245 Vgl *Große-Vehne*, Tötung auf Verlangen (§ 216 StGB), „Euthanasie" und Sterbehilfe – Reformdiskussion und Gesetzgebung seit 1870 (2005) 27.

wurf für ein Criminalgesetzbuch unter Einschluss des formellen Prozessrechts zu erarbeiten. Die dabei entstandenen Entwürfe divergierten sehr - einige sahen Strafbarkeit der Tötung auf Verlangen und Beihilfe zum Freitod vor - andere die Straflosigkeit. Durch Inkrafttreten der neuen Verfassung in Sachsen 1831 erging ein neuer Auftrag zur Erarbeitung eines Entwurfes an den Justizrat Gross. In Art 120 des Entwurfes heißt es:

> *„Ist der Thäter durch das ausdrückliche und ernstliche Verlangen des Getödteten zu der Tödtung bestimmt worden, so ist auf Gefängnisstrafe von Einem bis zu Drei Jahren, oder Arbeitsstrafe bis zu Vier Jahren zu erkennen."*

Die endgültige Fassung des Criminalgesetzbuches 1838 behielt diesen Tatbestand bei, verminderte jedoch die Strafdrohung von sechs Monaten bis zu drei Jahren Gefängnisstrafe.

Durch das neue Strafgesetzbuch von 1855 bzw durch das neue revidierte Strafgesetzbuch von 1868 wurden zwar die Formulierung des Tatbestandes und die Strafdrohungen geringfügig geändert, die Grundsätze der Bestrafung der Tötung auf Verlangen jedoch beibehalten.[246]

C. Reichsstrafgesetzbuch von 1870

1. Historisches Umfeld

1806 führte ein befristetes Ultimatum Napoleons zur Zurücklegung der Kaiserkrone Franz II und somit zum Ende des Heiligen Römischen Reiches. Eine Neuerrichtung des römisch-deutschen Kaiserreichs scheiterte am Widerstand der europäischen Großmächte sowie an der Rivalität zwischen Österreich und Preußen. Im Jahr 1815 erfolgte stattdessen die Gründung des Deutschen Bundes, ein völkerrechtlicher Vertrag zwischen 40 souveränen Staaten mit dem Ziel der Erhaltung der äußeren und inneren Sicherheit Deutschlands und der Unabhängigkeit und Unverletzbarkeit der einzelnen

---

[246] Vgl *Große-Vehne*, Tötung auf Verlangen (§ 216 StGB), „Euthanasie" und Sterbehilfe - Reformdiskussion und Gesetzgebung seit 1870 (2005) 33.

deutschen Staaten.[247] Der Deutsche Bund wurde 1866 infolge des österreichisch-preußischen Krieges aufgelöst und durch den Norddeutschen Bund unter der Führung Preußens ersetzt. Zu dieser Zeit hatte es bereits erste Bemühungen gegeben, ein einheitliches Strafgesetz für die Länder des Norddeutschen Bundes zu errichten. Aufgrund der spanischen Erbfolge wurden Streitigkeiten zwischen Preußen und Frankreich ausgelöst, welche 1870 im Deutsch-Französischen Krieg mündete. Nach dem Sieg der Deutschen über die Franzosen war der Weg für die Reichsgründung frei. Diese Gründung erfolge am 18. Januar 1871 durch die Krönung von Willhelm I zum deutschen Kaiser.

2. Entwicklung, Regelungsinhalt und Sanktionen

Bismarck erteilte 1868 an das Justizministerium den Auftrag, einen Entwurf für ein allgemein gültiges deutsches Reichsstrafrecht zu erarbeiten. Ein Jahr später war der sog Entwurf Friedberg fertig gestellt und wurde präsentiert. Darin fanden sich - nach dem Vorbild der preußischen Partikularrechte - keinerlei Bestimmungen über die Tötung auf Verlangen oder die Mitwirkung am Freitod. Dieser Entwurf wurde jedoch heftigst kritisiert, da die durch die Entwurfsvorlage „erzwungene Gleichschaltung einer Tötung mit und gegen den Willen des Opfers nicht nur ungerechtfertigt sei, sondern auch dem Rechtsgefühl widerstrebe und eine bemerkenswerte Kluft zwischen der Straflosigkeit der Beihilfe zum Selbstmord und der Bestrafung der Tötung eines Einwilligenden mit dem Tode bestehe."[248]

Daraufhin wurde ein zweiter Entwurf beantragt, welcher den Tatbestand der Tötung auf Verlangen nach sächsischem Vorbild berücksichtigen sollte. Daher findet sich im § 211 zweiter Entwurf folgendes Delikt

---

247 Vgl *Floßmann/Kalb*, Geschichte des öffentlichen Rechts II^3 (2004) 174.

248 *Große-Vehne*, Tötung auf Verlangen (§ 216 StGB), „Euthanasie" und Sterbehilfe - Reformdiskussion und Gesetzgebung seit 1870 (2005) 38.

> *„Ist Jemand durch das ausdrückliche und ernstliche Verlangen des Getödteten zur Tödtung bestimmt worden, so ist auf Gefängniß nicht unter drei Jahren zu erkennen."*

In den darauf folgenden Reichstagsberatungen wurde dieser Entwurf einerseits gutgeheißen, andererseits jedoch auch angeprangert, da die Strafdrohung viel zu milde war bzw der Tatbestand der Tötung auf Verlangen moralisch nicht zu rechtfertigen sei, da jede Tötung Mord darstelle. Dennoch wurde in der dritten Lesung im Plenum beschlossen, diesen Tatbestand in das Reichsstrafgesetz einzufügen. Dies geschah dann auch im § 216 Reichsstrafgesetzbuch, welches am 1. Januar 1872 in Kraft trat. § 216 Reichsstrafgesetzbuch blieb bis heute dem Grunde nach unverändert und gilt heute als § 216 dStGB.[249]

Auch die Strafdrohung des Entwurfs wurde beibehalten, sodass auf Gefängnisstrafe nicht unter drei Jahren zu erkennen war.

D. Die Zeit des Nationalsozialismus

1. Die Vordenker der Freigabe der Vernichtung ‚unwerten' Lebens

Die Frage, ob die Tötung ‚unwerten' Lebens rechtlich zulässig sein soll und gesellschaftlich geboten erscheint, entfachte Ende des 19. Jahrhunderts eine hitzige Diskussion, welche va durch die Werke von Adolf Jost, Ernst Haeckel, Karl Bindung und Alfred Hoche geprägt waren.

Der Student Adolf Jost verfasste 1895 eine Streitschrift mit dem Titel ‚Das Recht auf den Tod'. Darin ging Jost der Frage nach, ob es ein moralisches und auch gesetzliches Recht auf den eigenen Freitod gäbe, bzw inwieweit der Tod und die Vernichtung ‚unwerten' Lebens für das Individuum selbst und für die menschliche Gesellschaft als wünschenswert erachtet werden könne.[250] Hier sprach Jost va die unheilbar geistig oder körperlich Kranken an. Ihm zu-

---

[249] Vgl *Große-Vehne,* Tötung auf Verlangen (§ 216 StGB), „Euthanasie" und Sterbehilfe – Reformdiskussion und Gesetzgebung seit 1870 (2005) 46.

[250] Vgl Benzenhöfer, Der Gute Tod? Euthanasie und Sterbehilfe in Geschichte und Gegenwart (1999) 93.

folge liegt seit der erstmaligen Feststellung des Rechts auf den eigenen Tod durch David Hume in England kein wirklicher Fortschritt vor, da das Gesetz Tötung auf Verlangen immer noch unter Strafe stellte. Er hielt weiters fest, dass der Kranke mehr ‚materielle Werte' von der Gesellschaft konsumiere als der Gesunde, dh dass der Kranke mehr Kosten für die Gesellschaft verursache, als er eigentlich der Gesellschaft einbringe, va Arztkosten, Pflegekosten usw „Es kann [...] keinem Zweifel unterliegen, dass es thatsächlich Fälle giebt, in welchen, mathematisch gesprochen, der Werth eines Menschenlebens negativ wird."[251] Daraus folgerte Jost, dass der Staat entweder jedem Erwachsenen die Entscheidung über sein Leben und dessen Beendigung selbst überlasse könne, oder aber er könne das Recht auf den Tod auf unheilbar Kranke beschränken.[252]

Josts Werk löste einige Diskurse aus und die Entwicklung ging dahin, dass Ernst Haeckl in ‚Die Lebenswunder' 1904 festhielt, dass die sog Kindereuthanasie ethisch, moralisch, rechtlich und gesellschaftlich gerechtfertigt sei. Haeckl verfolgte das Ziel, die Tötung eines ‚lebensunwerten' Kindes aus dem Anwendungsbereich der Tötungsdelikte zu entfernen. Generell forderte er, dass die Tötung unheilbar Kranker auf Verlangen nicht mehr strafbar sein sollte. Insbesondere Geisteskranke, „die in den modernen Kulturstaaten künstlich am Leben erhalten werden, ohne irgend einen Nutzen für sie selbst oder für die Gesamtheit zu erzielen",[253] sollten ohne Einwilligung derselben getötet werden. Haeckl wurde somit zum Propagandisten der Freigabe der Kindereuthanasie, der Tötung auf Verlangen und der Vernichtung ‚lebensunwerten' Lebens.[254]

Der Jurist Karl Binding und der Psychiater Alfred Hoche gingen noch einen Schritt weiter und unterteilten 1920 den Wert menschlichen Lebens, je nach gesellschaftlicher Nützlichkeit, in ‚lebenswer-

---

251 *Jost*, Das Recht auf den Tod (1895) 18.

252 *Benzenhöfer*, Der Gute Tod? Euthanasie und Sterbehilfe in Geschichte und Gegenwart (1999) 95.

253 *Haeckl*, Die Lebenswunder (1904) 134.

254 Vgl *Benzenhöfer*, Der Gute Tod? Euthanasie und Sterbehilfe in Geschichte und Gegenwart (1999) 97.

tes' oder ‚lebensunwertes' Leben. Beide forderten die Freigabe der Vernichtung lebensunwerten Lebens. „Es sei kein Verbrechen, die Freigabe der Vernichtung lebensunwerten Lebens"[255], da es Menschenleben gibt, die so stark die Eigenschaft eines Rechtsgutes eingebüßt haben, dass ihre Fortdauer für die Lebensträger wie für die Gesellschaft allen Wert verloren hat.[256]

Auch Hitler schrieb in ‚Mein Kampf', dass „wenn die Kraft zum Kampfe um die eigene Gesundheit nicht mehr vorhanden ist, das Recht zum Leben in dieser Welt des Kampfes endet."[257]

2. Drittes Reich und Nationalsozialismus - Historisches Umfeld

Bedingt durch die Weltwirtschaftskrise 1929 und politischer sowie wirtschaftlicher Instabilitäten in Deutschland wurde die Nationalsozialistische Deutsche Arbeiterpartei (NSDAP) unter der Führung Adolf Hitlers bei den Reichstagswahlen 1932 die stärkste Partei. Die Grundsäulen der Weimarer Verfassung von 1919 richteten Deutschland als demokratische Republik unter Führung des Reichpräsidenten ein. Demokratie, Republik, Rechtsstaatlichkeit und Gewaltenteilung führten jedoch nicht zu jener nationalen Zufriedenheit und Stabilität, die durch diese Staatsform gewünscht wurde. Vielmehr überzeugte die NSDAP mit ihrem nationalsozialistischen Parteiprogramm, welches universell genau jene Probleme ansprach und diesbezüglich scheinbare Lösungen anbot, welche die Bevölkerung Deutschlands aufgrund der wirtschaftlichen Stagnation wünschten. Immanent war der NSDAP ihre Rassenideologie, die sich va gegen die völkischen Feindbilder der Deutschen richtete.[258]

---

255 *Binding/Hoche*, Die Freigabe der Vernichtung lebensunwerten Lebens (1920) 22.

256 Vgl *Fuchs*, Das Geschäft mit dem Tod - Plädoyer für ein Sterben in Würde (2001) 120.

257 *Hitler*, Mein Kampf (1924) 282.

258 Vgl *Floßmann/Kalb*, Geschichte des öffentlichen Rechts II[3] (2004) 442.

1933 wurde Hitler von Reichspräsident Hindenburg zum Reichskanzler ernannt. Der Reichstagsbrand am 27. Februar 1933 und die dadurch erlassene Verordnung zum Schutz von Volk und Staat[259], welche die wichtigsten Grundrechte einer demokratischen Verfassung beseitigten, führten zu einer Verstärkung von Hitlers politischer Macht. Durch das Gesetz zur Behebung der Not von Volk und Reich (Ermächtigungsgesetz)[260] wurde der Regierung unter Führung Hitlers die politische und rechtliche Möglichkeit eingeräumt, selbst Gesetze und Verordnungen zu erlassen. In Folge wurden die Länderparlamente aufgehoben, die NSDAP zur einzig erlaubten Partei in Deutschland erklärt und die Regierung unter Hitler erlangte die Stellung der einzigen Verwaltungs- und Gesetzgebungshoheit. Nach dem Tod des Reichspräsidenten Hindenburg erließ Hitler ein Gesetz, welches zum Ziel hatte, die Funktionen von Reichspräsidenten und Reichskanzler zusammenzulegen. Dies erfolgte 1934 und Hitler wurde zum ‚Führer' Deutschlands.[261]

Ausgehend von den Prinzipien der NS-Staatsordnung - Führerprinzip, Prinzip der völkischen Ungleichheit und Gemeinschaftsideologie - und der geplanten Ausgrenzung und Entrechtlichung Artfremder entwickelte sich eine Art ‚moderner' Antisemitismus, welcher sich primär gegen die jüdische Rasse als solche richtete. Die unterschiedliche Wertigkeit menschlicher Rassen führte nach nationalsozialistischer Ansicht dazu, dass diese Ungleichheit rechtlich im Reichsflaggengesetz[262], im Reichsbürgergesetz[263] und im Gesetz zum Schutz des deutschen Blutes und der deutsche Ehre[264] verankert wurde. Dies alles mündete in eine Entrechtlichung der Juden und in einer Aberkennung der politischen Rechte für Nicht-Deutschblütige. Seinen schrecklichen ‚Höhepunkt' erreichte der

---

259 VO vom 28.2.1933 dRGBl I 83 zum Schutze von Volk und Staat.

260 G vom 24.3.1933 dRGBl I 141 zur Behebung der Not von Volk und Reich.

261 Vgl *Floßmann/Kalb*, Geschichte des öffentlichen Rechts II³ (2004) 449.

262 G vom 15.9.1935 dRGBl I 1145 Reichsflaggengesetz.

263 G vom 15.9.1935 dRGBl I 1146 Reichsbürgergesetz.

264 G vom 15.9.1935 dRGBl I 1146 zum Schutz des deutschen Blutes und der deutschen Ehre.

Antisemitismus durch den Holocaust - ein Massenvernichtungsprogramm, welches Millionen an Opfern gefordert hatte.[265]

3. Nationalsozialistisches Strafrecht

a) Allgemeines

„Recht und Richter, Gesetzgeber und Normwanderer, Wissenschaftler und Praktiker [...] Sie alle stabilisierten den Unrechtsstaat."[266] Sondergerichte verbreiteten Angst und Schrecken und das Strafrecht setzte es sich zur Aufgabe, das nationalsozialistische Gedankengut umzusetzen und nicht erwünschte Erscheinungen und Errungenschaften von demokratischen Werten abzubauen. Das Reichsgericht wurde durch Gesetz angewiesen, bei der Auslegung von Gesetzen die nationalsozialistische Ideologie zu befolgen. Weiters wurde durch das Gesetz zur Änderung von Vorschriften des Strafverfahrens[267] und des Gerichtsverfassungsgesetzes[268] vom 28. Juni 1935 das Strafgesetzbuch entscheidend dahin gehend geändert, dass wichtige rechtsstaatliche Strafrechtsprinzipien, wie ua das Analogieverbot und das Verbot des strafrechtlichen Gewohnheitsrechts bzw das Legalitätsprinzip, ausgeschieden wurden. „Die Verhängung von Strafen soll nicht nur in den gesetzlich vorgesehenen Fällen, sondern darüber hinaus auch in all jenen Fällen angeordnet werden, in denen eine Tat ‚nach dem Grundgedanken eines Strafgesetzes und nach gesundem Volksempfinden Bestrafung verdient'."[269] So wurden beispielsweise ‚unerwünschte' Personen jahrelang in Konzentrationslagern gefangen gehalten. Besonders gefürchtet waren die bereits erwähnten Sondergerichte, wie bspw der Volksgerichtshof oder die Kriegsgerichte. Dabei konnte der Staatsanwalt praktisch unter Ausschaltung des Grundsatzes des gesetzlichen Richters völlig willkürlich Anklage erheben, was meist

---

265 Vgl *Floßmann/Kalb*, Geschichte des öffentlichen Rechts II³ (2004) 469.

266 *Schröder*, Rechtsgeschichte⁴ (1992) 158.

267 G vom 28.6.1935 dRGBl I 844.

268 G vom 28.6.1935 dRGBl I 844.

269 *Floßmann/Kalb*, Geschichte des öffentlichen Rechts II³ (2004) 463.

zur Tötung von Zehntausenden ‚im Mantel eines Strafrechtsurteils' führte.[270]

b) Suizid, Tötung auf Verlangen und Beihilfe zum Freitod

Nach Hitlers Machtübernahme im Januar 1933 wurde sofort der Auftrag erteilt, durch eine umfassende Reform das geltende Strafrecht der Weimarer Republik zu ändern. Hitler erteilte dem Reichsjustizminister Gürtner den Auftrag zur Bildung einer ‚amtlichen Kommission zur Bearbeitung der Strafrechtserneuerung'. Der erste Entwurf dieser Kommission wies im Vergleich zum früheren Strafgesetz keine Änderungen bezüglich Tötung auf Verlangen und Beihilfe zum Freitod auf. In der ersten und zweiten Lesung dieses Entwurfes 1933/1934 bzw 1935/1936 wurden die unterschiedlichsten Standpunkte und Interessen vertreten. Auf der einen Seite gab es die Befürworter, welche die Privilegierung des geltenden Tatbestandes der Tötung auf Verlangen beibehalten wollten und gleichzeitig sich auch für eine Ausweitung der Strafmilderung einsetzten. Ua vertrat der Senatspräsident Klee die Meinung, dass „die Rechtfertigung des derzeitigen § 216 RStGB seine Grundlage in der liberalistischen Auffassung habe, wonach die Tötung eines Einwilligenden mangels Brechung eines fremden Lebenswillens nicht als Rechtsverbrechen, sondern vielmehr als ein eigenständiges Delikt sui generis gestaltet sei."[271] Dennoch sprach die nationalsozialistische Auffassung von Staat und Gesellschaft aus völkischen Gesichtspunkten gegen eine solche Einordnung. Vielmehr sei die Tötung auf Verlangen als originäres und gemeines Tötungsdelikt zu qualifizieren. Auch verband die nationalsozialistische Ideologie mit dem Freitod einen Verstoß gegen die Volksgemeinschaft, da er eine Verletzung der Pflicht, seine Arbeitskraft der Gemeinschaft zur Verfügung zu stellen, darstellte.[272] Daher wurde in Er-

---

270 Vgl *Schröder*, Rechtsgeschichte[4] (1992) 159.

271 *Große-Vehne*, Tötung auf Verlangen (§ 216 StGB), „Euthanasie" und Sterbehilfe - Reformdiskussion und Gesetzgebung seit 1870 (2005) 111.

272 Vgl *Beckert*, Strafrechtliche Probleme um Suizidbeteiligung und Sterbehilfe unter besonderer Berücksichtigung historischer und ethischer Aspekte (1996) 101.

wägung gezogen, eine generelle Strafbarkeit für den Suizid(versuch) einzuführen. Auch die Einordnung der Tötung auf Verlangen als gemeines Tötungsdelikt wurde durch diese Ansicht begründet.

Was die Beihilfe und Verleitung zum Selbstmord betrifft, wurde in der zweiten Lesung vorgeschlagen, auf die Strafbarkeit der Beihilfe zu verzichten, jedoch die Verleitung zum Freitod unter Strafe zu stellen. Dies wurde dadurch begründet, dass das Verleiten im Sinne eines Initiative-Ergreifens strafwürdiger sei, als die bloße Beihilfe, welche meist aus Mitleid geschehe.

Somit wurde letztendlich beschlossen, den Straftatbestand der Tötung auf Verlangen zu ändern, bzw die Verleitung zum Selbstmord einzufügen.

§ 415 des Gesetzesentwurfs - Tötung auf Verlangen - lautete:

> *„Wer einen Menschen auf dessen ausdrückliches und ernstliches Verlangen tötet, wird mit Gefängnis nicht unter sechs Monaten bestraft."*

§ 417 - Verleitung zum Selbstmord - lautete:

> *„Wer einen anderen zum Selbstmord verleitet, wird auch wenn der andere nur begonnen hat, den Selbstmord auszuführen mit Gefängnis bestraft. Wenn der Täter aus nicht unehrenhaften Beweggründen gehandelt hat, so kann das Gericht die Strafe nach freiem Ermessen mildern oder von der Strafe absehen."*

Es wurde geplant, noch 1939 die Verabschiedung dieses Entwurfes voranzutreiben. Die Strafrechtsreform scheiterte jedoch daran, dass Hitler an den Inhalten des neuen Strafgesetzes zweifelte und somit sein Veto gegen die Reform einlegte.[273]

Dennoch kam es 1941 zu einer Verabschiedung eines Gesetzes, womit das Reichstrafgesetzbuch geringfügig, va im Bereich der Tötungsdelikte, geändert wurde. Die Privilegierung des Totschlags wurde aufgehoben und stattdessen der Totschlag als einfache, ge-

---

[273] Vgl *Große-Vehne,* Tötung auf Verlangen (§ 216 StGB), „Euthanasie" und Sterbehilfe - Reformdiskussion und Gesetzgebung seit 1870 (2005) 120 ff.

meine vorsätzliche Tötung definiert. Mord hingegen erforderte das Vorliegen bestimmter Kriterien, ua die Ausführung unter Vorbedacht. Obwohl § 216 inhaltlich nicht geändert wurde, wurde dennoch durch die Änderung der Ordnung der Tötungsdelikte indirekt klargestellt, dass es sich bei der Tötung auf Verlangen um ein delictum sui generis handeln müsse, da bei Fehlen dieses Deliktes die Tötung auf Verlangen wegen Ausführung der Tat mit Vorbedacht grundsätzlich als Mord strafbar gewesen wäre. Auch wurde 1943 durch die Strafrechtsangleichungsverordnung klargestellt, dass auch der Versuch der Tötung auf Verlangen strafbar sein sollte (§ 216 Abs 2 RStGB).[274]

4. Die Vernichtung ,lebensunwerten' Lebens im Dritten Reich

Aufbauend auf die soeben dargestellten Ansichten fand die Euthansie-Disskussion um die Vernichtung lebensunwerten Lebens nach der Machtergreifung Hitlers in den Jahren 1939 bis 1945 ihren Höhepunkt. In einer vom Nationalsozialisten Hans Kerrl veröffentlichen Denkschrift verlangte dieser, die Tötung auf ausdrückliches und ernstliches Verlangen milder zu bestrafen als die anderen Tötungsdelikte. Die Sterbehilfe wurde als Unterart der Tötung auf Verlangen angesehen und als ,wunschgemäße Beförderung des Sterbens eines hoffnungslos Leidenden durch ein todbringendes Mittel zur Verkürzung der Qual' definiert.[275] Nicht zu bestrafen sei nach *Kerrl* die Tötung auf Verlangen, um einen Todkranken von seinen Leiden zu erlösen. Diese Denkschrift von Kerrl floss auch in die oben bereits erwähnte Strafrechtsreformkommission unter Vorsitz von Gürtner mit ein. Dennoch kam es nie zur Erlassung dieses neuen Strafgesetzes.

Vielmehr setzten sich die Nationalsozialisten nach ihrer Machtübernahme für die Vernichtung ,lebensunwerten' Lebens ein, das nach dem sog Zwangssterilisierungsprogramm nach dem ,Gesetz

---

274 Vgl *Große-Vehne*, Tötung auf Verlangen (§ 216 StGB), „Euthanasie" und Sterbehilfe - Reformdiskussion und Gesetzgebung seit 1870 (2005) 124.

275 Vgl *Benzenhöfer*, Der Gute Tod? Euthanasie und Sterbehilfe in Geschichte und Gegenwart (1999) 109.

zur Verhütung erbkranken Nachwuchses'[276] als weitere Maßnahme zur Reinigung des Volkskörpers angestrebt wurde. Der Reichsärzteführer Wagner sollte auf dem Reichsparteitag der NSDAP 1935 eine Entscheidung des Führers zu diesem Thema erbeten haben[277] Hitler lehnte zuerst ab, hielt jedoch fest, dass „im Falle eines Krieges, er diese Euthanasiefrage aufgreifen und durchführen werde [...] weil die Befreiung des Volkes von der Last der Geisteskranken im Krieg, wenn alle Welt auf den Gang der Kampfhandlungen schaut und der Wert des Menschenlebens ohnehin minder schwer wiegt, leichter durchführbar sein werde."[278]

a) Hitlers Euthanasie-Erlass

In den Jahren 1938 und 1939 erreichten viele Briefe die Kanzlei des Führers, in denen gebeten wurde, die Tötung Schwerstkranker zu genehmigen. Besonders der sog ‚Fall Knauer', in dem ein Vater um den Gnadentod seines schwerkranken Kindes bat, hat nach hM den Anstoß zur Euthanasie-Aktion gegeben. Dieser Gnadentod wurde von Hitler bewilligt und er ermächtigte zugleich die Ärzte Bouhler und Brandt in ähnlichen Fällen genauso zu handeln.[279] Die Durchführung sollte auf „möglichst unbürokratische Weise und unter strengster Geheimhaltung der Maßnahmen sowie der an ihnen beteiligten Dienststellen erfolgen."[280] Dies bedeute den Beginn des sog Kindereuthanasie-Programms. In diesem Zusammenhang entstanden sog Fachabteilungen. Dies waren Heil- und Pflegeanstal-

---

276 G vom 14.7.1933 dRGBl 529. Dieses Sterilisierungsgesetz stand eindeutig im Widerspruch zur päpstlichen Enzyklika ‚Casti connubii' und traf auf den Widerstand der katholischen Bischöfe Vgl *Klee*, Euthanasie im NS-Staat. Die Vernichtung lebensunwerten Lebens (2004) 36.

277 Vgl *Benzenhöfer*, Der Gute Tod? Euthanasie und Sterbehilfe in Geschichte und Gegenwart (1999) 112.

278 *Schmuhl*, Rassenhygiene, Nationalsozialismus, Euthanasie. Von der Verhütung zur Vernichtung „lebensunwerten Lebens" (1992) 179.

279 Vgl *Große-Vehne*, Tötung auf Verlangen (§ 216 StGB), „Euthanasie" und Sterbehilfe - Reformdiskussion und Gesetzgebung seit 1870 (2005) 128.

280 *Große-Vehne*, Tötung auf Verlangen (§ 216 StGB), „Euthanasie" und Sterbehilfe - Reformdiskussion und Gesetzgebung seit 1870 (2005) 129.

ten, ua in Görden/Brandenburg, in denen Kinder zumeist einzeln durch Barbiturat Luminal getötet wurden.[281]

Dies alles gab den Ausschlag zum Übergang in das sog Erwachseneneuthanasie-Programm. Schon damals sollen laut einiger Ansichten in oben genannten Anstalten Erwachsene mittels Spritzen umgebracht worden sein.[282] Doch auch schon bevor das Erwachseneneuthanasie-Programm seinen Höhepunkt erreichte, fanden bereits kurz nach Kriegsbeginn Massenvernichtungen von Geisteskranken im besetzten Polen und in den nahegelegenen Ostgebieten statt. Diese Tötungen von ungefähr 1800 Menschen fanden wahrscheinlich im neugebildeten Reichsgau Danzig-Westpreußen Ende 1939 statt.[283]

b) Die Euthanasie-Aktionen im Dritten Reich

Neben der sog ‚Kinderaktion' (Kindereuthanasie) aufgrund des Falles Knauer erfolgte die sog ‚Aktion T4'. Diese bezeichnete die Tötung von psychisch kranken Erwachsenen durch Gas in den Jahren 1940 bis 1941. Die Abkürzung T4 stand für dessen Hauptquartier in der Tiergartenstraße 4 in Berlin.[284] Es wurden alle Patienten erfasst, welche an Schizophrenie, Epilepsie, senilen Erkrankungen, therapierefraktäre Paralyse und anderen Lues-Erkrankungen, Schwachsinn jeder Ursache, Enzephalitis, Chorea Huntington und anderen neurologischen Angstzuständen litten. Die Verwaltung der Aktion T4 wurde über drei verschiedene Tarnorganisationen durchgeführt. Zuerst wurden die Daten der Patienten über die sog ‚Reichsgemeinschaft Heil- und Pflegeanstalten' erfasst; die Finanzierung übernahm die ‚Gemeinnützige Stiftung für Anstaltspflege'.

---

281 Vgl *Benzenhöfer*, Der Gute Tod? Euthanasie und Sterbehilfe in Geschichte und Gegenwart (1999) 118.

282 Vgl *Wulf*, Zwangssterilisiert. Biographische Notizen, in *Roth (Hg)*, Erfassung zur Vernichtung. Von der Sozialhygiene zum „Gesetz über die Sterbehilfe" (1984) 7.

283 Vgl *Benzenhöfer*, Der Gute Tod? Euthanasie und Sterbehilfe in Geschichte und Gegenwart (1999) 119.

284 Vgl *Große-Vehne*, Tötung auf Verlangen (§ 216 StGB), „Euthanasie" und Sterbehilfe – Reformdiskussion und Gesetzgebung seit 1870 (2005) 137.

Sog Oberbegutachter erhielten die Papiere und entschieden letztendlich, wer in eine Beobachtungsanstalt eingeliefert werden sollte. Dort wurden die Patienten gesammelt und in die Tötungsanstalten in Hessen, Linz, Württemberg, Saale, Brandenburg und Pirna überstellt.[285] Zu Beginn dieses Euthanasie-Programms begannen auch legistische Vorarbeiten zur Legalisierung dieser Euthanasie, ausgehend von der T4-Zentrale. Man strebte eine „klare Begrenzung des Komplexes zur Tötung Schwerstkranker an, verlangte Rechtssicherheit und hatte Interesse an der Verbriefung der zugesicherten Straffreiheit." Mehrere Entwürfe, ua von *Heinze* und *Wentzler*, und des ‚Tötungsarztes' *Eberl* folgten. Dennoch kam es nie zu einer ‚richtigen' rechtlichen Legalisierung dieser Euthansie-Programme. Vielmehr blieb Hitlers Euthanasie-Erlass die einzige Ermächtigung.[286]

Als weitere Aktion ist die sog ‚Aktion Sonderbehandlung 14 f 13' zu nennen. Diese diente in der Zeit zwischen 1941 und 1942 der Aussonderung und Tötung von kranken KZ-Häftlingen. Im Sommer 1941 wurde von Kirchen und Angehörigen ein Stopp der Vergasungen verlangt. Dies führte jedoch nicht zu einer Einstellung der Tötung, sondern lediglich zu einer Änderung der Tötungsart. Statt durch Vergasen wurden die Betroffenen durch harte Arbeit oder durch passives Hungernlassen ‚hingerichtet'. Diese Phase wird als ‚wilde Euthanasie' bezeichnet. Auch gab es seit 1942 verschiedene Vernichtungsaktionen gegen ‚Rassisch Unerwünschte', ‚Assoziale' und ‚geistes- oder tuberkulosekranke Ostarbeiter' durch die gleichen Heil- und Pflegeanstalten wie bei der Aktion T4. Diese Zeitspanne wurde ‚Aktion Brandt' genannt.[287]

---

285 Vgl *Stobäus*, Die Aktion T4 und ihre Umsetzung in Göttingen, in *Frewer (Hg)*, Euthanasie und die aktuelle Sterbehilfe-Debatte. Die historischen Hintergründe medizinischer Ethik (2000) 180.

286 Vgl *Große-Vehne*, Tötung auf Verlangen (§ 216 StGB), „Euthanasie" und Sterbehilfe - Reformdiskussion und Gesetzgebung seit 1870 (2005) 146/ 147 f.

287 Vgl *Große-Vehne*, Tötung auf Verlangen (§ 216 StGB), „Euthanasie" und Sterbehilfe - Reformdiskussion und Gesetzgebung seit 1870 (2005) 137.

c) Die Rolle der Kirche in der Euthanasie-Frage

Grundsätzlich kann man in einem kritischen Rückblick sagen, dass trotz eindeutig ablehnender Euthanasieeinstellung die Kirchen dem Euthanasie-Programm der Nationalsozialisten viel zu lange zugesehen haben.[288] Dennoch gab es auch unter den Geistlichen selbst ab und an ‚schwarze Schafe', welche der Euthanasie der geistig Kranken positiv gegenüber eingestellt waren.

Erwähnung finden sollte in diesem Zusammenhang die Predigt des Bischofs von Galen, Clemens August Graf von Galen, welcher die Nationalsozialisten des Mordes an den Kranken anklagte. Auf Seite der evangelischen Kirche leistete der Pastor Friedrich von Bodelschwingh entschiedenen Widerstand.[289]

Die kirchlichen Argumente gegen die Euthanasie bestanden ua darin, „dass das von Gott geschaffene und erhaltene Leben ein ihm innewohnendes Recht besitzt, das von dem sozialen Nutzwert des Lebens gänzlich unabhängig ist."[290] Auch die evangelische Kirche betonte, dass behindertes Leben nicht als lebensunwert bezeichnet werden kann, „da im geringsten Bruder Christus begegnet und der behinderte wie jeder andere Mensch auch unter der Auferstehungshoffnung steht."[291]

Wie bereits erwähnt bestand der Widerstand der Kirche hauptsächlich in einem passiven Widerstand. Man versuchte idR durch das Verzögern der Aktionen oder durch Verhandeln mit den NS-Funktionären, weniger Kranke der Vernichtung preiszugeben als

---

288 Vgl *Nowak*, Sterilisation, Krankenmord und innere Mission im „Dritten Reich" (1989) 79.

289 Vgl *Merkel*, „Tod den Idioten" - Eugenik und Euthanasie in juristischer Rezeption vom Kaiserreich zur Hitlerzeit[2] (2007) 263.

290 *Bonhoeffer*, Ethik, in *Bethge (Hg)*, Das Recht auf das leibliche Leben (1961) 108.

291 *Knops*, Die Verantwortung der Kirche in der Euthanasie-Frage, in *Kollmann (Hg)*, Elementa Theologiae - Arbeiten zur Theologie und Religionspädagogik (2001) 94.

gefordert war.[292] Ua wurden auch die Familien gebeten, ihre kranken Angehörigen zu sich zurückzuholen.

E. Drittes Strafrechtsänderungsgesetz von 1953

Aufgrund der deutschen Besetzung in der Nachkriegszeit durch die Alliierten Mächte war das deutsche Strafrecht zersplittert. Der Alliierte Kontrollrat, welchem sämtliche Entscheidungen oblagen, die Deutschland als Ganzes betrafen, strebte eine Bereinigung der deutschen Rechtsordnung von nationalsozialistischem Gedankengut an. Gänzlich wurde das Strafrecht jedoch nicht bereinigt, sodass die Alliierten den Deutschen schließlich ein lückenhaftes Strafrecht überließen und eine Rechtsbereinigung erforderlich wurde.[293] Man beabsichtigte durch ein sog Bereinigungsgesetz sämtliche Lücken zu schließen. Dies geschah durch das dritte Strafrechtsänderungsgesetz vom 4. August 1953[294]. Der Regierungsentwurf wurde 1952 dem Bundesrat überreicht, der umfangreiche Änderungen beantragte.

Darunter wurde auch eine Änderung betreffend die Strafbarkeit der Tötung auf Verlangen durchgeführt. In § 216 wurde nach Absatz 1 folgender Absatz eingefügt

> *„Sind mildernde Umstände vorhanden, so ist die Strafe Gefängnis nicht unter sechs Monaten."*

Die Versuchsstrafbarkeit blieb davon unberührt. Die Gründe für diese Änderungen waren, dass die mit Einwilligung und auf Verlangen ausgeführte Tötung nicht mehr wie zuvor im Regelfall (weil mit Vorbedacht ausgeführt) als Mord anzusehen war, sondern als einfacher Totschlag. Da auch nach hM § 213 auf die Tötung auf Verlangen nicht anzuwenden sei, bestehe ein ‚empfindliches Missverhältnis' zwischen den beiden Vorschriften, sodass der bestehen-

---

292 Vgl *Knops,* Die Verantwortung der Kirche in der Euthanasie-Frage, in *Kollmann (Hg),* Elementa Theologiae - Arbeiten zur Theologie und Religionspädagogik (2001) 97.

293 Vgl *Große-Vehne,* Tötung auf Verlangen (§ 216 StGB), „Euthanasie" und Sterbehilfe - Reformdiskussion und Gesetzgebung seit 1870 (2005) 165.

294 BGBl I 1953, 735.

de Rechtszustand zu ‚völlig unbefriedigenden Ergebnissen' führe.[295]

Auch eine Änderung betreffend die Strafdrohung der Tötung auf Verlangen von ‚nicht unter sechs Monaten' entsprach fast gänzlich jener des heutigen § 216 dStGB.

F. Erstes Strafrechtsreformgesetz von 1969

Ziel des ersten Strafrechtsreformgesetzes von 1969[296] war eine umfassende Reformierung des Allgemeinen Teils des Strafrechts sowie die Vornahme wichtiger Korrekturen im Besonderen Teil. Die Änderungen erfassten auch den Tatbestand der Tötung auf Verlangen nach § 216. Zuchthaus und Gefängnis wurden durch eine einheitliche Freiheitsstrafe ersetzt. Die Formulierung des § 216 dStGB wurde entsprechend angepasst.

Desweiteren wurde auch aufgrund der zu hohen Strafdrohung die Sanktion auf sechs Monate bis zu fünf Jahre Freiheitsstrafe geändert. Dadurch ergab sich auch eine Änderung der Qualifikation des § 216. Es wurde von einem Verbrechen in ein Vergehen umqualifiziert.[297]

III. Aktueller Regelungsbestand in Deutschland

A. Überblick

In diesem dritten Kapitel soll auf die aktuelle gesetzliche Regelung der Sterbehilfe in Deutschland eingegangen werden. Im Mittelpunkt der Untersuchung stehen die Strafbarkeit der Tötung auf Verlangen, die Straflosigkeit der Mitwirkung am Suizid sowie die Strafbarkeit der passiven Sterbehilfe.

---

295 Vgl *Große-Vehne*, Tötung auf Verlangen (§ 216 StGB), „Euthanasie" und Sterbehilfe - Reformdiskussion und Gesetzgebung seit 1870 (2005) 166.

296 BGBl I 1969, 645.

297 Vgl *Große-Vehne*, Tötung auf Verlangen (§ 216 StGB), „Euthanasie" und Sterbehilfe - Reformdiskussion und Gesetzgebung seit 1870 (2005) 181.

Das deutsche Strafrecht unterscheidet zwischen

- Sterbehilfe ohne Todesbeschleunigung (Sterbebegleitung, passive Sterbehilfe),
- Sterbehilfe mit Todesbeschleunigung (indirekte aktive Sterbehilfe) sowie
- gezielte vorzeitige Tötung (direkte aktive Sterbehilfe).

Dies bedeutet, in strafrechtlichen Kategorien ausgedrückt, einerseits Tötung durch Unterlassen, andererseits aktives Töten und dazwischenstehend der Behandlungsabbruch, dessen rechtliche Einordnung als aktives Tun oder passives Unterlassen im Einzelfall recht schwierig sein kann.[298]

Die deutsche Strafrechtsdogmatik unterscheidet wie in Österreich zwischen vorsätzlich und fahrlässig begangenen Tötungs- und Körperverletzungsdelikten. Das Grunddelikt der Tötungsdelikte ist auch in Deutschland der Mord nach § 211 dStGB.

> *„Der Mörder ist mit lebenslanger Freiheitsstrafe zu bestrafen. Mörder ist, wer aus Mordlust, zur Befriedigung des Geschlechtstriebs, aus Habgier oder sonst aus niedrigen Beweggründen, heimtückisch oder grausam oder mit gemeingefährlichen Mitteln, oder um eine andere Straftat zu ermöglichen, oder zu verdecken, einen Menschen tötet."*

Zu diesem Grunddelikt kennt das dStGB selbständige und unselbständige Privilegierungen, nämlich ua den Totschlag nach § 212 dStGB, den minderschweren Fall des Totschlags nach § 213 dStGB (eine unselbständige Privilegierung zu § 212 dStGB) sowie ua auch die aktive Tötung auf Verlangen nach § 216 dStGB.

> *„Wer einen Menschen tötet, ohne Mörder zu sein, wird als Totschläger mit Freiheitsstrafe nicht unter fünf Jahren bestraft. In besonders schweren Fällen ist auf lebenslange Freiheitsstrafe zu erkennen. [...] War der Totschläger ohne eigene Schuld durch eine ihm oder einem Angehörigen zugefügte*

[298] Vgl *Eser*, Sterbehilfe und Euthanasie in rechtlicher Sicht, in *Eid (Hg)*, Euthanasie oder Soll man auf Verlangen töten? (1985) 48.

Misshandlung oder schwere Beleidigung von dem getöteten Menschen zum Zorn gereizt und hierdurch auf der Stelle zur Tat hingerissen worden, oder liegt sonst ein minder schwerer Fall vor, so ist die Strafe Freiheitsstrafe von einem bis zu zehn Jahren."

Einen Tatbestand bezüglich der Mitwirkung am Selbstmord - korrespondierend zum österreichischen StGB - findet man im deutschen Strafrecht nicht. Dies ist zum einen erklärbar durch das in Deutschland vorherrschende Teilnahmesystem, wonach die Selbsttötung keinen eigenen Straftatbestand mehr darstellt und somit auch die Teilnahme an diesem Delikt nicht unter Strafe gestellt werden kann, zum anderen aber auch durch die Tatsache, dass der deutsche Gesetzgeber darauf verzichtet hat, trotz dogmatisch begründeter Straflosigkeit aufgrund des Teilnahmesystems einen eigenen, selbständigen Straftatbestand in das dStGB einzufügen. Genaueres dazu siehe die folgenden Kapitel.

B. Direkte aktive Sterbehilfe - § 216 dStGB - Tötung auf Verlangen

§ 216 dStGB lautet

„Ist jemand durch das ausdrückliche und ernstliche Verlangen des Getöteten zur Tötung bestimmt worden, so ist auf Freiheitsstrafe von sechs Monaten bis zu fünf Jahren zu erkennen. Auch der Versuch ist strafbar."

Das deutsche Strafgesetz geht somit auf der einen Seite vom absoluten Verbot der Tötung eines anderen aus, dessen Durchbrechung nur in wenigen Ausnahmefällen - durch bestimmte Rechtfertigungsgründe - möglich ist. Soweit es daher um den Schutz des Patienten vor ungewollter Lebensverkürzung geht, ist er im Prinzip vor jeglichen ärztlichen Eingriffen oder Maßnahmen geschützt, die zur Verschlechterung seines Zustandes oder gar zur Beschleunigung des Todeseintritts führen könnten. Wenn es jedoch um passives Sterbenlassen (ua Behandlungsabbruch) geht, lässt sich dem Gesetz eine ausdrückliche Aussage nicht entnehmen. Deshalb sind hier die Regeln über die sog Garantenpflichten bei Unterlassungsdelikten heranzuziehen (§ 13 dStGB).[299] § 216 dStGB sieht somit ein umfassendes Verbot der aktiven Sterbehilfe iSd aktiven Selbstvornahme der Tötungshandlung vor. Dieses Verbot gleicht somit dem österreichischen § 77 StGB. Auch besteht im deutschen Recht die Möglichkeit, dass dieses Delikt durch Unterlassen begangen werden kann. Die rechtlichen Voraussetzungen regelt in diesem Fall § 13 dStGB, wonach unmittelbarer Täter eines unechten Unterlassungsdeliktes ebenso nur sein kann, wen eine Garantenpflicht trifft. Ein Teil der Lehre bestreitet jedoch die Möglichkeit, dass § 216 dStGB durch Unterlassen iSd § 13 dStGB begangen werden kann. Dafür bietet die Lehre unterschiedliche Erklärungsansätze. Nach *Sax* könnte „angesichts eines Suizids das Rechtsgut der Tötungsdelikte generell nicht durch Unterlassen tangiert werden."[300] Anders argumentiert Rudolphi, wonach „eine jede ärztliche Behandlung nur mit dem Willen des Patienten erlaubt ist. Ein Eingriff gegen diesen Willen ist grundsätzlich rechtswidrig, auch wenn er die Heilung des Patienten zu bewirken vermag. Dieses Grundprinzip soll [...] auch im Falle des ernsthaften Sterbeverlangens anwendbar sein."[301]

Im Folgenden soll ein kurzer Überblick über den Aufbau des Tatbestandes des § 216 dStGB gegeben sowie auch auf die Strafdrohung eingegangen werden.

1. Objektiver Tatbestand

Tatsubjekt iSd § 216 kann jedermann sein. Es handelt sich somit nicht um ein Sonderdelikt, Tatobjekt ist ein anderer Mensch. Die

---

299 Vgl *Eser*, Sterbehilfe und Euthanasie in rechtlicher Sicht, in *Eid (Hg)*, Euthanasie oder Soll man auf Verlangen töten? (1985) 50.

300 *Sax*, Zur rechtlichen Problematik der Sterbehilfe durch vorzeitigen Abbruch einer Intensivbehandlung. Überlegungen zum „Unterlassen durch Tun", zum „Schutzzweck der Norm und zur scheinbaren Rechtsgutverletzung", JZ 1975, 137.

301 *Beckert*, Strafrechtliche Probleme um Suizidbeteiligung und Sterbehilfe unter besonderer Berücksichtigung historischer und ethischer Aspekte (1996) 282.

Tathandlung besteht in der Vornahme einer aktiven Tötungshandlung, dh in der vorsätzlichen Tötung eines anderen Menschen.

Diese Vornahme der Tötungshandlung muss auf ein ausdrückliches und ernstliches Verlangen des Getöteten zurückzuführen sein. „Zum Verlangen gehört mehr als die bloße Einwilligung des Getöteten. Der Getötete darf daher das fremde Handeln nicht nur erlaubt haben, sondern muss auf den Willen des Täters eingewirkt haben. Es ist nicht erforderlich, dass das Tötungsverlangen in Worten zum Ausdruck gebracht worden ist. Ausreichend ist, dass der Lebensmüde durch Gesten seinen Todeswillen manifestiert."[302]

Wichtig ist jedoch, dass ein begehrliches Einwirken stattfindet, denn nur bloße und beiläufige Äußerungen stellen kein Verlangen dar.[303] Es darf an dem Verlangen des Sterbewilligen kein Zweifel bestehen; somit sind auch nur Vermutungen über den Sterbewillen nicht ausreichend. Auch ist § 216 dStGB nur dann verwirklicht, wenn die vom Sterbewilligen geforderte Tötungsart eingehalten wird, anderenfalls die Delikte der §§ 211, 212 dStGB zur Anwendung gelangen.[304]

Das Verlangen muss weiters ausdrücklich und ernstlich sein. Ausdrückliches und ernstliches Verlangen bedeutet, dass das Opfer, über die bloße Zustimmung zur Tötung hinausgehend, seinen Tod - noch im Zeitpunkt der Tatausführung - ernstlich begehrt und dies unmissverständlich kundgetan hat. Ernstlichkeit setzt voraus, dass der Verlangende imstande ist, die Tragweite seiner Entscheidung zu erfassen, und dass er sie frei von Zwang und anderen wesentlichen Willensmängeln trifft.[305] Solch ein ernstliches Verlangen ist ua ausgeschlossen, wenn der Sterbewillige nach seiner Ein-

---

302 *Beckert*, Strafrechtliche Probleme um Suizidbeteiligung und Sterbehilfe unter besonderer Berücksichtigung historischer und ethischer Aspekte (1996) 176.

303 Vgl *Wessels*, Strafrecht Besonderer Teil 1, Straftaten gegen Persönlichkeits- und Gemeinschaftswerte[19] (1995) § 2 Rz 1.

304 Vgl *Schöne/Schröder*, Strafgesetzbuch Kommentar[24] (1991) § 216 Rz 7.

305 Vgl *Küper*, Strafrecht Besonderer Teil - Definitionen mit Erläuterungen[3] (1999) 327.

sichts- und Urteilsfähigkeit nicht in der Lage ist, die Tragweite seines Entschlusses zu verstehen.[306] Wann ein solcher Mangel der Urteilsfähigkeit vorliegen kann, ist nicht vollständig geklärt. Manchmal entspringt das Verlangen zur Tötung einer spontanen elenden Stimmung oder aus einem Anfall starker Schmerzen, aber auch bei Vorliegen von seelischen oder psychischen Störungen.[307] Es ist jedoch klarzustellen, dass die zivilrechtliche Geschäftsfähigkeit keine Voraussetzung für die Urteils- und Einsichtsfähigkeit iSd § 216 dStGB ist.[308]

Fraglich ist die rechtliche Beurteilung, wenn das ernstliche und ausdrückliche Verlangen des Sterbewilligen auf einem Irrtum beruht. Ein Teil der Lehre vertritt die Ansicht, dass die Wirksamkeit des Verlangens nur dann ausgeschlossen sein sollte, wenn ein rechtsgutsbezogener Irrtum vorliegt. Ein anderer Teil der Lehre schließt bereits bei Vorliegen eines jeden Irrtums die Ernsthaftigkeit des Verlangens aus.[309]

Auch entfällt die Privilegierung des § 216 dStGB dann, wenn der Sterbewillige zwar ein ausdrückliches und ernsthaftes Tötungsverlangen ausspricht, der Täter jedoch aus anderen als aus diesen Motiven handelt. Dennoch ist nicht nur das Tötungsverlangen des Sterbewilligen für die Beurteilung der Privilegierung nach § 216 dStGB heranzuziehen, sondern vielmehr ist ausreichend, dass dieses Tötungsverlangen in einem vielfältigeren Motivbündel mitläuft.[310]

---

306 Vgl BGH NJW 1981, 932.

307 Vgl *Jähnke*, § 216, in *Jeschek/Ruß/Willms (Hg)*, Leipziger Kommentar zum Strafgesetzbuch[10] (1989) Rz 7.

308 Vgl *Otto*, Recht auf den eigenen Tod? Strafrecht im Spannungsverhältnis zwischen Lebenserhaltungspflicht und Selbstbestimmung (1986) 63.

309 Vgl *Schöne/Schröder*, Strafgesetzbuch Kommentar[24] (1991) § 216 Rz 8.

310 Vgl *Jähnke*, § 216, in *Jeschek/Ruß/Willms (Hg)*, Leipziger Kommentar zum Strafgesetzbuch[10] (1989) Rz 8.

2. Subjektiver Tatbestand

Im subjektiven Tatbestand ist zumindest bedingter Tötungsvorsatz erforderlich, doch muss sich der Vorsatz auch auf das ernsthafte und ausdrückliche Verlangen erstrecken, ansonsten die Privilegierung nicht in Frage kommt. Irrt der Täter über das Vorliegen der privilegierenden Tatbestandsmerkmale, dh nimmt er irrtümlich das Vorliegen eines ernsthaften und ausdrücklichen Verlangens an, so kommt dennoch § 216 dStGB zur Anwendung. Beruht dieser Irrtum jedoch auf Fahrlässigkeit, so kommt auch hier eine Bestrafung wegen fahrlässiger Tötung in Betracht.[311]

3. Rechtswidrigkeit

Der Rechtfertigungsgrund der Notwehr scheidet auch im deutschen Strafrecht aus. Dennoch ist an eine Rechtfertigung nach § 34 dStGB zu denken. § 34 dStGB regelt den sog übergesetzlichen (rechtfertigenden) Notstand, welcher das Bestehen einer gegenwärtigen, nicht anders abwendbaren Gefahr für ein Rechtsgut erfordert.[312] Fraglich ist jedoch, ob das Rechtsgut Leben für ein anderes Rechtsgut geopfert werden kann und darf. § 216 dStGB stellt diesbezüglich klar, dass das Rechtsgut Leben trotz Verzichtwillens des Opfers indisponibel bleibt. Dennoch könnte man das schwere Leiden, dh ein menschenunwürdiges Leben bei Verweigerung der Tötung auf Verlangen als Güterabwägung in Betracht ziehen, wobei für die rechtfertigende Wirkung bei der Abwägung widerstreitender Interessen das Eingriffsgut wesentlich überwiegen muss. Diese Voraussetzung kann bei der aktiven Sterbehilfe fallweise gegeben sein.[313] Die Tötungshandlung des § 216 dStGB besteht in einem aktiven Tun, das Leidenlassen in einem passiven Unterlassen. § 34 StGB kann jedoch keine Tötungshandlungen rechtfertigen, denen eine Unterlassungspflicht gegenübersteht. „Dem Handelnden

---

311 Vgl *Schöne/Schröder*, Strafgesetzbuch Kommentar[24] (1991) § 216 Rz 14.

312 Vgl *Beckert*, Strafrechtliche Probleme um Suizidbeteiligung und Sterbehilfe unter besonderer Berücksichtigung historischer und ethischer Aspekte (1996) 185.

313 Vgl *Dellingshausen*, Sterbehilfe und die Grenzen der Lebenserhaltungspflicht des Arztes (1981) 291.

ist es nach § 34 grundsätzlich nicht erlaubt, das Rechtsgut Leben zu verletzen, auch wenn er durch das Untätigbleiben eine Handlungspflicht verletzt. Dies gilt auch dann, wenn der andere nicht in der Lage ist, sich selbst zu töten."[314] Als Ergebnis kann also festgehalten werden, dass der rechtfertigende Notstand nach § 34 dStGB eine Tötung auf Verlangen nach § 216 dStGB nicht zu rechtfertigen vermag.

Von einem Teil der Lehre wird auch eine rechtfertigende Pflichtenkollision als Rechtfertigungsgrund angesehen. „Hier kollidiere nämlich die Rechtspflicht zum Lebensschutz mit der sittlichen Pflicht zur Barmherzigkeit."[315] Dennoch treffen auch hier Handlungs- und Unterlassungspflichten aufeinander und grundsätzlich handelt es sich auch hier nicht um eine rechtfertigende Notstandssituation, womit eine Rechtfertigung der Tötung auf Verlangen nicht in Betracht kommt.

4. Entschuldigungsgründe

Als Entschuldigungsgründe kommen entschuldigender Notstand nach § 35 dStGB und sog übergesetzliche Entschuldigungsgründe in Betracht. Nach § 35 dStGB ist der Täter entschuldigt, wenn richtiges und erforderliches Andershandeln nicht mehr zugemutet werden kann. Hier findet ein Vergleich mit dem Konstrukt eines Durchschnittsmenschen statt. Die Fähigkeit des Täters muss im Vergleich zum Durchschnittsmenschen stark herabgesetzt sein. Eine Anwendung des § 35 setzt voraus, dass sowohl der Unrechtsgehalt und der davon abhängige Schuldgehalt so gemindert ist, dass die Tat dem Täter nicht mehr vorgeworfen werden kann. Voraussetzung ist daher eine von § 35 geforderte Kollisionslage. Demnach muss der Sterbehelfer deswegen gehandelt haben, um eine konkrete Gefahr für eines der dort genannten Rechtsgüter von sich

---

314 *Beckert*, Strafrechtliche Probleme um Suizidbeteiligung und Sterbehilfe unter besonderer Berücksichtigung historischer und ethischer Aspekte (1996) 187.

315 Vgl *Simson*, Die Tötung aus Barmherzigkeit in rechtsvergleichender Sicht, in *Eser (Hg)*, Suizid und Euthanasie als human- und sozialwissenschaftliches Problem (1976) 322.

oder einer verwandten oder nahestehenden Person abzuwenden. Ein wesentliches Überwiegen oder überhaupt ein Überwiegen des geschützten Gutes ist hier - anders als im Fall des § 34 - nicht erforderlich. „Dennoch darf der angerichtete Schaden nicht in einem offensichtlichen Missverhältnis zur Schwere der Gefahr bestehen."[316] Auch muss der Täter aus einem besonderen Motivationsdruck heraus handeln, dh insbesondere muss das Vorliegen einer psychischen Notlage des Täters bestätigt sein. Zu beachten ist jedoch, dass § 35 dStGB nur für nahestehende Personen und Angehörige gilt, sodass Sterbehilfe durch professionelle Pflegepersonen und Ärzte nicht unter diesen Entschuldigungsgrund fallen kann.

Als weiterer Entschuldigungsgrund kommt jener aus Art 4 GG abgeleitete Notstand in Betracht, wonach auf eine individuelle Gewissensentscheidung abzustellen sei. Dies hätte jedoch eine Kapitulation des Strafrechts vor dem Gewissenstäter, der vorsätzliche und rechtswidrige Handlungen begeht, zur Folge, womit dieser Entschuldigungsgrund abzulehnen sein wird.[317]

5. Strafdrohung

Nach § 216 dStGB beträgt die allgemeine Strafdrohung für die Tötung auf Verlangen sechs Monate bis fünf Jahre Freiheitsstrafe. Nach § 59 dStGB besteht die Möglichkeit einer bloßen Verwarnung mit Strafvorbehalt, wenn entsprechende spezialpräventive Voraussetzungen in der Person des Täters zu finden sind. Diese Norm lässt sich jedoch nicht auf § 216 dStGB ausweiten, da es sich hierbei um ein Tötungsdelikt handelt und die Anwendung somit praktisch ausgeschlossen wäre.[318] Auch § 60 dStGB, wonach ein Absehen von der gesamten Strafe möglich ist, kommt für Sterbehilfesituationen

---

316 *Beckert*, Strafrechtliche Probleme um Suizidbeteiligung und Sterbehilfe unter besonderer Berücksichtigung historischer und ethischer Aspekte (1996) 271.

317 Vgl *Dellingshausen*, Sterbehilfe und die Grenzen der Lebenserhaltungspflicht des Arztes (1981) 52.

318 Vgl *Otto*, Recht auf den eigenen Tod? Strafrecht im Spannungsverhältnis zwischen Lebenserhaltungspflicht und Selbstbestimmung (1986) 61.

absolut nicht in Betracht, da Voraussetzung ist, dass die Tatfolgen den Täter selbst schon sehr schwer getroffen haben.[319]

C. Passive Sterbehilfe

Auch in Deutschland ist die Strafbarkeit der passiven Sterbehilfe umstritten und situationsabhängig, je nachdem welche Wertungsunsicherheiten der allgemeinen Betrachtung zugrunde liegen. Der Behandlungsabbruch selbst ist in Deutschland nur dann generell straflos, wenn dieser Behandlungsabbruch nicht automatisch auch zu einer Lebensverkürzung führt, weil das Eintreten des natürlichen Todes sowieso nicht aufzuhalten wäre. In einem solchen Fall könnte nämlich der Behandlungsabbruch für den Tod nicht mehr kausal werden. Dies gilt auch für das Abschalten von technischen Apparaten und Maschinen, va in jenen Fällen, wo der Hirntod bereits eingetreten ist. Auch ist in einem solchen Fall kein Unrecht mehr anzunehmen, sofern die Garantenpflichten des Arztes bereits erloschen sind.[320] Dennoch ist der Arzt bis zum letzten Moment zur Schmerzlinderung verpflichtet.[321]

Schwieriger ist die Beurteilung jener Fälle, in denen der natürliche Tod noch hinausgezögert werden könnte. In diesen Situationen hängt die Strafbarkeit des Arztes von der Einwilligung des Patienten in den Behandlungsabbruch ab. Dies bedeutet, dass der einsichts- und urteilsfähige Patient unmissverständlich seinen Willen kundzutun hat, in Ruhe und in Frieden sterben zu wollen. Liegt ein solcher Wille bzw eine antizipierte Einwilligung in den Behandlungsabbruch vor, ist keine Strafbarkeit von ‚unmittelbaren Tätern' der passiven Sterbehilfe gegeben.

---

319 Vgl *Beckert*, Strafrechtliche Probleme um Suizidbeteiligung und Sterbehilfe unter besonderer Berücksichtigung historischer und ethischer Aspekte (1996) 279.

320 Vgl *Bernat*, Behandlungsabbruch und (mutmaßlicher) Patientenwille, RdM 1995, 51 (10).

321 Vgl *Eser*, Sterbehilfe und Euthanasie in rechtlicher Sicht, in *Eid (Hg)*, Euthanasie oder Soll man auf Verlangen Töten?[2] (1985) 54.

In Fällen, wo hingegen keine ausdrückliche Einwilligung des Sterbewilligen vorliegt - so beispielsweise bei einem Bewusstlosen - käme man zu einer Strafbarkeit des Arztes aufgrund mangelnder Einwilligung in den Behandlungsabbruch. Entscheidende Relevanz zeitigte in diesem Zusammenhang das Urteil des BGH vom 13.9.1994[322]. Der BGH stellte fest, dass im Falle eines wegen des nicht bewilligten Behandlungsabbruches an seiner Patientin verurteilten Arztes keine Strafbarkeit vorliege. Die Krankheit dieser Patientin war nicht irreversibel und der natürliche Tod stand auch nicht unmittelbar bevor. Der BGH entschied zu Recht, dass dies nicht ein Fall der passiven Sterbehilfe ieS sei, da dies ein unumkehrbares Grundleiden eines Kranken mit tödlichem Verlauf voraussetze. Andererseits meinte jedoch der BGH, dass ein Behandlungsabbruch bei nicht irreversiblem Krankheitsverlauf nicht schon per se unzulässig sei. Vielmehr seien an die Annahme des mutmaßlichen Patientenwillens erhöhte Anforderungen zu stellen, denn „der Gefahr, dass Arzt, Angehörige oder Betreuer unabhängig vom Willen des entscheidungsunfähigen Kranken nach eigenen Maßstäben und Vorstellungen das von ihnen als sinnlos, lebensunwert oder unnütz angesehene Dasein des Patienten beenden, muss von vornherein entgegengewirkt werden." In diesem Fall verwarf der BGH die Annahme einer mutmaßlichen Behandlungsverweigerung der Patientin und revidierte das Urteil der Unterinstanz.

Dies bedeutet nun, dass in einem solchen Fall immer der mutmaßliche Patientenwille unter Abwägung sämtlicher Umstände zu betrachten ist, bevor sofort auf die Strafbarkeit des behandelnden Arztes oder eines sonstigen ‚Helfers' geschlossen werden kann. Daraus ergibt sich der Schluss: „Ein Behandlungsabbruch ist nicht nur nicht rechtswidrig, sondern sogar geboten, wenn ihn der mutmaßliche Wille des Patienten fordert."[323]

---

322 BGH 13.9.1994, 1 StR 357/94.

323 *Bernat*, Behandlungsabbruch und (mutmaßlicher) Patientenwille, RdM 1995, 51 (7).

Dieses Erkenntnis hat auch grundsätzlich für das österreichische Recht Gültigkeit. Dies erklärt sich daraus, dass die mutmaßliche Behandlungsverweigerung bloß die Kehrseite der mutmaßlichen Einwilligung darstellt. Liegt nämlich keine mutmaßliche Einwilligung in die Heilbehandlung vor, ist von einer mutmaßlichen Behandlungsverweigerung auszugehen. Dogmatisch betrachtet steht das Rechtsinstitut der mutmaßlichen Einwilligung zwischen der ‚echten Einwilligung' (Prinzip der rechtlichen Berücksichtigung des mangelnden Interesses) und dem ‚übergesetzlichen Notstand' (Prinzip der rechtlichen Berücksichtigung des überwiegenden Interesses. Sie vereinigt somit Elemente beider Rechtfertigungsgründe und ist in Situationen anwendbar, (a) bei denen nach der Sachlage eine Einwilligung wirksam erteilt werden könnte, der betroffene Rechtsgutträger aber nicht handlungsfähig oder (b) nicht rechtzeitig erreichbar ist, aber (c) nach den Umständen des Falles und bei Würdigung der Interessenlage seine Zustimmung zu erwarten wäre.[324] Als Entscheidungsgrundlagen gelten subjektive, subsidiär jedoch objektive Kriterien.

D. Die Mitwirkung am Selbstmord

1. Allgemeines

Die Beihilfe zum Freitod bzw die Mitwirkung am Freitod eines anderen ist in Deutschland nicht strafbar. Dies ergibt sich aus den dogmatischen Besonderheiten des deutschen Teilnahmesystems. Diese Straflosigkeit ist jedoch durch die Rsp. und die Heranziehung subsidiärer Strafrechtsnormen erheblich eingeschränkt worden. Dies va durch die Tatsache, dass § 323c dStGB die Unterlassung der notwendigen Hilfeleistung im Suizidfall eines anderen unter bestimmten Voraussetzungen unter Strafe stellt.

2. Teilnahmesystem

Das deutsche Beteiligungssystem der Teilnahme ist dadurch gekennzeichnet, dass die Teilnehmer an einer Straftat – Anstifter oder

---

324 Vgl *Bernat*, Behandlungsabbruch und (mutmaßlicher) Patientenwille, RdM 1995, 51 (8).

Gehilfen – für fremde Schuld und für fremdes Unrecht strafrechtlich zur Verantwortung gezogen werden. Im Gegensatz zum System der Einheitstäterschaft, wonach jeder Beteiligte aufgrund seiner eigenen Schuld und seines eigenen Unrechts haftet, leitet sich die Strafbarkeit der Beteiligten im Teilnahmesystem von der Strafbarkeit der Haupttat ab. Dies bedeutet, dass zum einen eine strafbare Haupttat vorliegen muss, zum anderen, dass sich jemand an dieser Haupttat als Anstifter oder als Gehilfe daran beteiligt hat. Diese Verbindung zwischen Haupttat und Beteiligung nennt man qualitative Akzessorietät.

Die Straflosigkeit der Teilnahme bzw Mitwirkung am Freitod ergibt sich nun daraus, dass die Selbsttötung selbst keinen Tatbestand des deutschen Strafrechts erfüllt, wonach auch keine Beteiligung iSd der qualitativen Akzessorietät möglich ist.

Dennoch leiten einige Autoren nach den Regeln der limitierten Akzessorietät eine Strafbarkeit der Teilnahme am Suizid eines anderen ab. Beispielsweise hält Schmidhäuser eine Anwendung der §§ 212 f auf die Selbsttötung für geboten, da seiner Ansicht nach die Selbsttötung in ihrem Unrechtsgehalt nicht von der Fremdtötung abweicht. Ausgehend von einem existentiellen und allgemeingültigen Wert eines Fortbestehens der Menschheit folgert Schmidhäuser die Pflicht eines jeden zum Weiterleben. Auch der Sterbewillige müsse gezwungen sein, das eigene Leben zu achten. Ein Verstoß gegen das Lebensgebot stelle somit eine tatbestandsmäßige und rechtswidrige, aber entschuldigte Tat dar.[325]

Nach *Bringewat* ist § 212 dStGB zwar nur auf die Fremdtötung anzuwenden, die Selbsttötung unterfalle aber als gedachte Straftat einem eigenen gesetzlichen Straftatbestand. Auch Bringewat geht somit von einer Verpflichtung zum Weiterleben aus. Dennoch soll die vom Suizidenten verwirklichte Haupttat straflos bleiben. Der

---

325 Vgl *Beckert*, Strafrechtliche Probleme um Suizidbeteiligung und Sterbehilfe unter besonderer Berücksichtigung historischer und ethischer Aspekte (1996) 176 und *Schmidhäuser*, Selbstmord und Beteiligung am Selbstmord in strafrechtlicher Sicht, Festschrift für Hans Welzel zum 70. Geburtstag, in *Stratenwerth/Kaufmann/Geilen/Hirsch/Schreiber/Jakobs (Hg)*, 1974, 801.

Beteiligte am Freitod sollte jedoch nach § 28 iVm § 212 dStGB als Teilnehmer zu bestrafen sein.[326]

Festgehalten werden kann an dieser Stelle, dass eine Strafbarkeit der Mitwirkung am Selbstmord trotz gegenteiliger Literaturmeinungen dem Grundsatz nach nicht besteht, da eine Teilnahme an einer nicht strafbaren Haupttat keinesfalls strafrechtliche Sanktionen nach sich ziehen könne. Dies bedeutet, dass der Helfer beispielsweise sämtliche Utensilien für den Suizidenten besorgen kann. Beschränkt wird dieser Grundsatz nur dadurch, dass va die Verschreibung von Medikamenten, wie Natrium-Pentobarbital, welche zu einem schmerzfreien Tode führen soll, in Deutschland nach dem Betäubungsmittelgesetz vom 1. März 1994[327] nicht zulässig ist.

3. Grenzen der Straflosigkeit der Mitwirkung am Selbstmord: § 309c StGB – Unterlassung der Hilfeleistung und echtes Unterlassungsdelikt

Auch in der deutschen Strafrechtsdogmatik unterscheidet man zwischen echten und unechten Unterlassungsdelikten, wobei letztere dadurch gekennzeichnet sind, dass die Strafbarkeit durch das Unterlassen dann eintritt, wenn ein bestimmter Erfolg iSd Erfolgsdelikte nicht abgewendet wird, obwohl den Verpflichteten eine diesbezügliche Garantenpflicht trifft. Wie bereits erwähnt gründet sich die Garantenpflicht im deutschen Strafrecht auf § 13 dStGB.

> *„Wer es unterlässt, einen Erfolg abzuwenden, der zum Tatbestand eines Strafgesetzes gehört, ist nach diesem Gesetz nur dann strafbar, wenn er rechtlich dafür einzustehen hat, dass der Erfolg nicht eintritt, und wenn das Unterlassen der Verwirklichung des gesetzlichen Tatbestandes durch ein Tun entspricht."*

---

326 *Beckert*, Strafrechtliche Probleme um Suizidbeteiligung und Sterbehilfe unter besonderer Berücksichtigung historischer und ethischer Aspekte (1996) 162.

327 Gesetz über den Verkehr mit Betäubungsmittel, BGBl I 1994, 358.

Dies bedeutet, dass sich auch in Deutschland derjenige strafbar macht, dem eine Pflicht zum Handeln zukommt, diese Pflicht aber vernachlässigt und dadurch der Erfolg des Deliktes eintritt.

Demgegenüber stehen die echten Unterlassungsdelikte wie § 323c dStGB.

> *„Wer bei Unglücksfällen oder gemeiner Gefahr oder Not nicht Hilfe leistet, obwohl dies erforderlich und ihm den Umständen nach zuzumuten, insbesondere ohne erhebliche eigene Gefahr und ohne Verletzung anderer wichtiger Pflichten möglich ist, wird mit Freiheitsstrafe bis zu einem Jahr oder mit Geldstrafe bestraft."*

Der objektive Tatbestand dieses Delikts besteht somit einerseits im Vorliegen eines Unglücksfalls. Dies ist ein nach hM plötzlich eintretendes, äußeres Ereignis, das erhebliche Gefahren für Menschen oder Sachen hervorbringt oder hervorzubringen droht.[328]

Fraglich ist auch im deutschen Recht, ob der Freitod unter das Tatbestandsmerkmal des Unglücksfalles subsumiert werden kann. Gegen das Vorliegen eines Unglücksfalles spricht die Tatsache, dass ein Unglücksfall im Sinne der Norm bei frei- und eigenverantwortlichen Selbsttötungen nicht vorliegt. Nach dieser Auffassung sind die Erfordernisse des Unglücksfalles nur dann erfüllt, wenn es sich bei dem schadenbringenden Geschehen um ein Ereignis handelt, dessen Eintritt von der bedrohten Person nicht gewollt ist, und sich für sie zufällig ergibt.[329] Nach einer anderen Auffassung handelt es sich bei einem Suizid um einen Unglücksfall, „wenn der Entschluss des Suizidenten freiverantwortlich gefasst war."[330] Die Beurteilung, ob nun ein Unglücksfall vorliegt oder nicht, sollte sich am Rechtsgut des § 323c orientieren. Nach heute herrschender Ansicht ist § 323c mit seiner Forderung nach solidarischer Hilfeleistung dem Schutz der Individualrechtsgüter be-

---

328 Vgl *Lackner*, Strafgesetzbuch mit Erläuterungen[21] § 323c (1995) Rz 2.

329 Vgl *Beckert*, Strafrechtliche Probleme um Suizidbeteiligung und Sterbehilfe unter besonderer Berücksichtigung historischer und ethischer Aspekte (1996) 172.

330 *Schmidhäuser*, Strafrecht Besonderer Teil[2] § 323c (1983) Rz 5.

stimmt, welche durch Unglücksfälle in Mitleidenschaft gezogen werden können. „Dies verdeutlicht zugleich, dass nur dann, wenn der Betroffene in seiner momentanen Situation tatsächlich ein Unglück im Sinne der Vorschrift erleidet, der Tatbestand erfüllt sein kann. Die Sicht des hinzutretenden Dritten kann dagegen kein Maßstab sein. Hat sich der Betroffene selbst in die bedrohliche Lage versetzt, besteht das spezifische Schutzbedürfnis, das Bedürfnis nach Hilfeleistung, das Voraussetzung für den Unglücksfall ist, nicht."[331]

Somit ist das Vorliegen eines Unglücksfalles im Falle der (versuchten) Selbsttötung zu verneinen, da der Entschluss des Suizidenten eigenverantwortlich getroffen wird und daher nicht von einem Unglück iSd § 323c dStGB gesprochen werden kann.

Anders ist die Situation zu beurteilen, wenn dem Helfer eine Garantenstellung iSd § 13 dStGB zukommt. In diesem Fall beurteilt sich die Strafbarkeit nach den Regeln der unechten Unterlassungsdelikte (vgl oben). Va Angehörige, denen eine Garantenpflicht zukommt, machen sich nach §§ 13, 212 dStGB strafbar, sofern sie durch ihre Anwesenheit psychische und seelische Beihilfe zum Suizid leisten.

E. Fazit

Die Vornahme einer aktiven Tötungshandlung auf Verlangen des Sterbewilligen ist in Deutschland nach § 216 dStGB strafbar. Diese Tötung auf Verlangen ist ein privilegierter Fall des Mordes und setzt ein ernstliches und ausdrückliches Verlangen des Sterbewilligen voraus. Ob dieses Delikt auch durch Unterlassen begangen werden kann, ist strittig. Die Strafbarkeit der passiven Sterbehilfe hängt von der antizipierten Einwilligung des Patienten ab. Die Garantenpflicht nach § 13 bzw die Strafbarkeit nach §§ 13, 212 dStGB entfällt, sofern der Patient in die lebensverkürzenden Behand-

---

331 *Beckert,* Strafrechtliche Probleme um Suizidbeteiligung und Sterbehilfe unter besonderer Berücksichtigung historischer und ethischer Aspekte (1996) 174 f.

lungsmethoden eingewilligt hat bzw einen ausdrücklichen Behandlungsverzicht abgegeben hat.

Demgegenüber ist die Straflosigkeit der Mitwirkung am Selbstmord aufgrund des deutschen Teilnahmesystems evident. Eine Strafbarkeit kann sich u.U. nur aus § 323c ergeben, bzw ebenso nach § 13 dStGB in Verbindung mit dem jeweiligen Delikt, sofern Angehörige, dh Garanten dem Sterbenden direkte seelische Unterstützung beim Sterbevorgang selbst leisten.

Vierter Teil
Die Entwicklung der Strafbarkeit der Mitwirkung am Selbstmord in der Schweiz

I. Einführung

In Teil der Schrift soll zum einen auf die historische Entwicklung der Schweiz und des schweizerischen Strafrechts, auf die Tatbestände der Tötung auf Verlangen und der Beihilfe zum Suizid eingegangen, zum anderen aber auch die aktuelle Regelung in der Schweiz dargestellt werden. Besondere Bedeutung kommt in diesem Teil dem schweizerischen Verein Dignitas und dem damit verbundenen sog ‚Sterbetourismus' zu, welcher es sich zum Ziel gemacht hat, Sterbewillige auf ihrem letzten Lebensweg zu begleiten.

II. Historische Entwicklung

A. Allgemeines

1. Entstehung der Eidgenossenschaft

Im schweizerischen Raum bildeten sich seit 1100 unter einzelnen Dynastengeschlechtern fürstliche Territorialstaaten heraus. Die Kyburger und Habsburger, die auch Reichsgewalt erlangten, herrschten im Norden und Osten, im Westen die Savoyer, Zähringer und Frohburger, welche insbesondere durch deren Städtebildung an Bedeutung gewonnen haben. Die Staatsform war der Feudalismus und gründete auf dem System des Lehenswesens.[332]

Die Befreiung der Schweiz von deutschen und österreichischen Einflüssen erfolgte durch zwei ‚befreiende' Schritte - die persönliche und die politische Befreiung. Erstere ergab sich in der spätfränkischen Zeit aus der Besiedelung und Bebauung von nutzbaren, jedoch unkultivierten Boden. Für die Rodung dieser Böden wurden den Siedlern weitgehende Freiheiten von ihren Herren eingeräumt und somit erlangten sie persönliche Freiheit durch freie Erbleihe. Aufgrund dieses mittelalterlichen Kolonistenrechts vergrößerte

---

332 Vgl *Carlen*, Rechtsgeschichte der Schweiz - Eine Einführung[3] (1988) 22.

sich auch die Freiheit der Walliser, die ins Berner Oberland, nach Oberitalien, in die Ostschweiz, nach Liechtenstein oder nach Vorarlberg auswanderten. Die politische Befreiung erfolgte durch große Bündnisse der Städte, welche letztendlich in der schweizerischen Eidgenossenschaft ihren Ausgang fand. Nach dem Sieg über Österreich am Morgarten 1315, der die landesfürstliche Politik erfolgreich zurückdrängte und ständisch und militärisch ein Triumph des Bauerntums über das Rittertum war, erweiterte sich der Bund zur Eidgenossenschaft mit acht Mitgliedern (Bern, Freiburg, Solothurn, Murten, Biel, Zürich, Kostanz und St. Gallen). Basel, Schaffhausen, Luzern, Glarus und Zug schlossen sich an und diese Eidgenossenschaft mit dreizehn Mitgliedern blieb bis 1798 unverändert bestehen. Dieses Bündnissystem entsprach am ehesten dem des Staatenbundes, obwohl ein einheitlicher Bundesvertrag nicht existierte. Die gegenseitige Gewährung der Ortsverfassungen, die Solidarität, das Schiedswesen und die Souveränität der Orte bildeten die besonderen Charakteristika dieser Eidgenossenschaft. Die sog Tagsatzung verband als quasi Bündnisvertrag die einzelnen Mitglieder miteinander. Auf ihr kamen die Gesandten der Orte zusammen, um Landesfragen zu besprechen.[333]

2. Die Entwicklung des Strafrechts

Bevor es in der Schweiz zu einem einheitlichen, kodifizierten Strafrecht kam, dominierte in der vorstaatlichen Zeit eine Rechtsordnung, die in sich ruhte, unverändert war und sich über Menschen, Dämonen und Götter erhob. Jeder, der sich gegen diese Rechtsordnung wandte, handelte unrechtmäßig, ganz gleichgültig, ob er den eingetretenen Erfolg gewollt hat oder nicht. Seine Tat wurde durch den Familienverband des Opfers gesühnt, dh dieser vollzog die Strafe. Diese sog Blutrache war in der Schweiz noch verbreitet, als bereits die Obrigkeit als Trägerin der Straffunktion tätig wurde. Es wurden zahlreiche Sühneverträge geschlossen. Diese Verträge zwischen Täter und den Verwandten des Opfers führten meist dazu, dass sich der Täter von der peinlichen Strafe der Blutrache befreien

---

333 Vgl *Carlen*, Rechtsgeschichte der Schweiz – Eine Einführung³ (1988) 26.

konnte. Neben diesem Sippenstrafrecht existierten auch besondere Volksstrafrechte. Dies besonders bei Delikten, welche sich gegen die Gottheit richteten und daher in der Form der Todesstrafe als Opfer an die Gottheit gesühnt wurden.[334]

Mit der weiteren Entwicklung eines staatlichen Strafrechts übernahmen frühstaatliche Organe die Rolle der Sippe und der Selbsthilfe. Diese Organe waren Fürsten, Städte oder Länder und versuchten, die private Fehde zurückzudrängen. Örtliche Gewalten vereinigten sich in Landfriedensbündnissen, wie beispielsweise im Innerschweizer Bundesbrief von 1291, in welchen ein Landfrieden mit dem westschweizerisch-burgundischen Raum geschlossen wurde.

Versuche, ein gemeineidgenössisches Strafrecht zu entwickeln waren spärlich und scheiterten oft. Zu erwähnen sind in diesem Zusammenhang die Bundesbriefe von 1291 und von 1315, in welchen ein gemeinsames Vorgehen gegen den Totschläger, gegen den Brandstifter und gegen den Räuber beschlossen wurde. Auch der Pfaffenbrief von 1370 bedrohte bestimmte geistliche Personen, die verbotene fremde Gerichte anriefen mit der Strafe der Ächtung.[335] Der Sempacher Brief von 1393 verpflichtete die Eidgenossen, gemeinsam gegen Hausfriedensbruch und Plünderungen vorzugehen, sowie gegen Gewalt an Kindern, Klöstern und Frauen. Als Strafen waren ua die Todesstrafe (Hinrichtung am Galgen, Feuerverbrennung, Hinrichtung am Rade oder Enthauptung) vorgesehen. Andere Leibesstrafen bestanden im Abhacken von Händen oder Füßen, im Durchstoßen der Zunge mit einem Nagen, im Augenausstechen oder in körperlicher Züchtigung.[336]

Die Constitutio Criminalis Carolina erlangte in der Schweiz als Reichsgesetz keine Geltung. Nur in Basel und Schaffhausen, in den Gebieten des Fürstbischofs von Basel und des Fürstabtes von Sankt Gallen, im Wallis und im bernischen Waadtland, sowie in den drei Bünden Graubündens erlangte sie subsidiäre Geltung. Die Straf-

---

334 Vgl *Carlen*, Rechtsgeschichte der Schweiz - Eine Einführung[3] (1988) 36.

335 Vgl *Carlen*, Rechtsgeschichte der Schweiz - Eine Einführung[3] (1988) 38.

336 Vgl *Carlen*, Rechtsgeschichte der Schweiz - Eine Einführung[3] (1988) 40.

rechtsquellen von Luzern, Schwyz, Zug, Freiburg und des Fürstentums Neuenburg verdeutlichten einen erheblichen Einfluss der CCC auf deren Entstehung, der Einfluss der CCC auf die Strafrechtsquellen von Uri, Ob- und Nidwalden, Bern, Zürich, Solothurn, St. Gallen und Genf war jedoch viel geringer. Im 18. Jahrhundert wurde die CCC va als Kriegsrecht der Schweizerregimenter im Ausland angewandt, jedoch auch nicht ausschließlich.[337]

Beeinflusst von der französischen Aufklärung und der Französischen Revolution startete die Eidgenossenschaft den Versuch, ein einheitliches Strafrecht zu entwickeln. Am 1. April 1799 nahm der Große Rat bzw der Senat einen vorgelegten Entwurf über ein Peinliches Gesetzbuch an. Dieses Peinliche Gesetzbuch war stark an die Übersetzung des französischen Code pénal von 1791 angelehnt, einzelne Bestimmungen für die Schweiz wurden jedoch eingefügt. Dieses Gesetzbuch erlangte Gesetzeskraft und wurde durch mehrere Erlässe novelliert.[338]

1898 erlangte der Bund die Gesetzgebungskompetenz zur Erlassung eines einheitlichen materiellen Strafrechts.[339] Es starteten Bestrebungen, ein einheitliches Bundesstrafgesetz zu errichten, welches die einzelnen kantonalen Bestimmungen ablösen sollte. Die Vorentwürfe wurden vom Parlament bewilligt und wurden in einem Gesetzesreferendum 1937 vom Schweizer Volk angenommen. Es trat 1942 in Kraft und steht bis heute in Geltung.[340] Mit diesem schwStGB[341] wurden die kantonalen Regelungen bundesweit vereinheitlicht und auch die Todesstrafe abgeschafft, welche bisher in einigen Kantonen, wie bspw Wallis, noch bestand.

---

337 Vgl *Carlen*, Rechtsgeschichte der Schweiz - Eine Einführung[3] (1988) 41.

338 Vgl *Carlen*, Rechtsgeschichte der Schweiz - Eine Einführung[3] (1988) 42.

339 Vgl *Baumgarten*, The Right to Die? Rechtliche Probleme um Sterben und Tod (2000) 115.

340 Vgl *Baumgarten*, The Right to Die? Rechtliche Probleme um Sterben und Tod (2000) 115.

341 Schweizerisches Strafgesetzbuch vom 21.12.1937, SR 311.0.

B. Die Strafbarkeit des Freitods, der Tötung auf Verlangen und der Sterbehilfe

1. Mittelalter und vorstaatliches Strafrecht

Das mittelalterliche Rechtsgut der Schweiz war vorrangig von germanischen Einflüssen bestimmt. Die römische Herrschaft ging mit der Völkerwanderung in der Schweiz zu Ende. Die Burgunder siedelten im 5. Jahrhundert in der Westschweiz, die Alemannen in der Deutschschweiz und die Langobarden in der Südschweiz. Der Rechtsbestand wurde va durch germanische Stammesrechte geprägt, welche bis in die Neuzeit die Eidgenossenschaft prägten. Bezüglich der Strafbarkeit des Freitods und der Tötung auf Verlangen ist in diesem Zusammenhang somit auf die Ausführungen im zweiten Teil der Schrift zu verweisen. Die Germanen standen dem Freitod und der Tötung auf Verlangen bei Vorliegen körperlicher Qualen positiv gegenüber, da die Germanen die Auffassung vertraten, jeder Mensch könne frei über seine Rechtsgüter verfügen. Die Tötung auf Verlangen war insofern straflos, als bei Vorliegen einer Verzeihung des Täters die Angehörigen des Getöteten von einer Blutrache absahen, sofern die Tötung tatsächlich dem Willen des Opfers entsprochen hat.

Wie bereits erwähnt fand im Mittelalter auch die Constitutio Criminalis Carolina in bestimmten Regionen, wie beispielsweise in Basel, Anwendung. Der Freitod wurde in Art 135 CCC unter Strafe gestellt ('Straff eygener tödtung') und wurde ua durch Vermögenskonfiskationen sanktioniert. Bezüglich der Strafbarkeit der Tötung auf Verlangen und der Beihilfe zum Freitod ist auf die jeweiligen Ausführungen im zweiten Teil der Schrift zu verweisen.

In anderen Kantonen galten eigene regionale Strafrechtskodifikationen. So war beispielsweise der Strafrechtskommentar Practica nova Saxonica rerum criminalium von 1635 bis 1798 die zentrale Strafrechtsquelle in bestimmten schweizerischen Regionen. Aber auch Werke von Bartolus und Baldus, Brunnemann, Clarus oder Stryk des 16. bis 18. Jahrhunderts erlangten kantonal an Bedeutung.[342]

---

342 Vgl *Suter,* Die strafrechtlichen Bedenken der Basler Stadtconsulenten (1648-1798). Ein Beitrag zur Basler Strafrechtswirklichkeit (2006) 228.

Aufgrund des großen Einflusses der CCC auf das Schweizer Strafrecht, sahen manche kantonalen Regionen regelmäßig eine Strafbarkeit des Freitods vor. Als Bestrafung wurde das Suizidopfer mit dem Gesicht nach unten unter der Schwelle hindurch oder durch ein Fenster aus dem Haus getragen und am Leichnam ein Exempel statuiert, das der Art des Suizids glich. Dies konnte va darin bestehen, dass ein Keil durch den Kopf des Leichnams getrieben wurde (sofern sich der Suizident erstochen hat), die Leiche fünf Fuß von einem Gewässer entfernt vergraben wurde (wenn der Sterbewillige sein Leben durch Ertränken beendet hat) oder der Körper wurde am Fuß eines Berges, mit schweren Steinen beladen und verscharrt (sofern sich der Suizident durch einen Sturz das Leben genommen hat).[343] Die Tötung auf Verlangen wurde grundsätzlich als Mord verfolgt und bestraft. Gleiches galt für die Beihilfe zum Freitod.[344]

Im 18. Jahrhundert fand kontinuierlich ein Umdenken bezüglich der Strafbarkeit des Freitods statt. Die mittelalterliche Beurteilung des Freitods als Verbrechen wurde im Zeitalter der Aufklärung allmählich aufgegeben. Es setzte ein Prozess der rechtlichen Entpönalisierung des Freitods ein, welcher sich in einer Vielzahl von Gesetzen niederschlug.[345] Der letzte Vollzug eines Exekutionsurteils an einem Suizidenten fand 1732 in Genf statt. Drei Jahre später entwickelte sich die Auffassung, dass jeder Suizident als Irrsinniger galt. Vor allem die Rechtsgelehrten von Globing und Huster argumentierten in Bezug auf dieses reformierte Strafrecht betreffend die Entkriminalisierung des Freitods ähnlich wie Beccaria.[346]

2. Die Helvetik und das Peinliche Gesetzbuch von 1799

Unter dem Begriff der Helvetik versteht man die durch die französischen Revolutionen und Reformen geprägte Zeitspanne der Schweiz, die zur Gründung der Helvetischen Republik 1798 auf

---

343 Vgl *Minois*, Geschichte des Selbstmords (1999) 60.

344 Vgl *Durkheim*, Der Selbstmord (1993) 383.

345 Vgl *Schüttau*, Suizid im Recht, in *Brudermüller/Marx/Schüttau (Hg)*, Suizid und Sterbehilfe (2003) 82 f.

346 Vgl *Minois*, Geschichte des Selbstmords (1999) 431.

dem Boden der alten Eidgenossenschaft führte. Bedingt durch den französischen Einfluss entstanden auch in der Helvetischen Republik Bestrebungen, ein einheitliches Zivil- bzw auch Strafrecht nach französischen Vorbild zu schaffen. In Frankreich wurde 1791 die erste Fassung des Code Pénal, das französische Strafgesetzbuch, erlassen. 1799 entstand in der Helvetischen Republik ein erster Entwurf für ein einheitliches Strafgesetz, welches grundsätzlich den Inhalt des französischen Code pénal - bis auf einige Ausnahmen - wörtlich übernahm.

In Europa war diese Zeitspanne geprägt von den Prinzipien der Aufklärung. In der Eidgenossenschaft hatten diese aufgeklärten Ideen und Vorstellungen jedoch vorerst nur geringen Einfluss auf die Gesetzgebung, dies im Gegensatz zu Bayern oder Österreich. Erst das Peinliche Gesetzbuch aus 1799 brachte diesbezüglich eine Änderung.

Eine Bestrafung des Freitods sah das Peinliche Gesetzbuch 1799 nicht mehr vor, da im französischen Strafgesetzbuch aus 1791 die Pönalisierung des Freitods nicht mehr erwähnt wurde, und der Inhalt des Peinlichen Gesetzbuches an den französischen Code Pénal angelehnt war.[347]

Betreffend die Tötung auf Verlangen oder die Beihilfe zum Freitod finden sich im Peinlichen Gesetzbuch - wie auch im Code Pénal - keinerlei Regelungen. Auch enthielten sie keine abstrakten oder allgemeinen Bestimmungen zur Einwilligung in die Rechtsverletzung. Es gab in der Literatur und der Rechtsprechung Meinungsverschiedenheiten darüber, wie die Tötung auf Verlangen zu beurteilen war. Die Rechtslage ermöglichte sowohl eine Bestrafung des Täters, als auch einen diesbezüglichen Freispruch.[348]

3. Die Mediationszeit 1803 bis 1814

Die Mediationszeit steht für ein Unterfangen der schweizerischen Kantone zur Umwandlung des bisherigen helvetischen Zentral-

---

347 Vgl *Minois*, Geschichte des Selbstmords (1999) 429.

348 Vgl *Große-Vehne*, Tötung auf Verlangen (§ 216 StGB), „Euthanasie" und Sterbehilfe, Reformdiskussion und Gesetzgebung seit 1870 (2005) 17 f.

staates in einen föderalistischen Staat unter Mithilfe und Vermittlung Napoleons. Mit dem Zusammenbruch der helvetischen Republik 1803 verlor auch das Peinliche Gesetzbuch von 1799 seine Geltung. Dennoch behielten einige Kantone diese Strafrechtskodifikation als subsidiäre Rechtsquelle bei, so beispielsweise Bern bis 1866, Solothrun bis 1859, Thurgau bis 1841, Luzern bis 1827 oder Basel bis 1821.[349] Die legislative Gewalt ging vom Zentralstaat wieder auf die einzelnen Kantone über, welche das Strafrecht teilweise revidierten oder gänzlich neu kodifizierten. Beispielsweise ergänzte der Kanton Waadt das Peinliche Gesetzbuch durch den Code correctionel und der Kanton Genf übernahm den französischen Code Pénal und änderte diesen teilweise ab. Somit ist festzuhalten, dass in dieser Zeitspanne viele kantonale Strafrechtskodifikationen bestanden, der Freitod selbst jedoch nicht mehr unter Strafe stand.

4. Die Zeit ab 1814

Nach der Mediationszeit gab es Bestrebungen die vielfältigen föderalistischen Rechtsquellen zu vereinheitlichen und die Gesetzgebungskompetenz betreffend Privat- und Strafrecht dem durch Bundesvertrag von 1815 gegründeten Bund zu übertragen. Vorerst blieben diese Bestrebungen erfolglos. Erst die Verfassung aus 1874 brachte eine Kompetenzverschiebung zugunsten des Bundes im Bereich des Privatrechts mit sich. 1898 erlangte der Bundesstaat auch die Kompetenz zur Strafgesetzgebung. Mit der Verfassung aus 1874 wurde auch ein umfassendes Verbot der Körperstrafe eingefügt, sodass das bisweilen in einzelnen Kantonen immer noch vorherrschende mittelalterliche Strafsystem letztendlich abgeschafft wurde. Der Strafrechtswissenschaftler Carl Stoss bekam 1888 den Auftrag, ein einheitliches eidgenössisches Strafrecht zu entwerfen. 1937 wurde ein vorläufiger Entwurf vom Parlament beschlossen und vom Volk angenommen. Es trat 1942 in Kraft. Der Suizid selbst wurde im neuen Strafgesetzbuch nicht mehr erwähnt. Dennoch wurden Tatbestände eingefügt, welche die Tötung auf

---

349 Vgl *Carlen*, Rechtsgeschichte der Schweiz - Eine Einführung[3] (1988) 42.

Verlangen und die Beihilfe zum Freitod unter bestimmten Voraussetzungen unter Strafe stellte.[350]

III. Aktueller Regelungsbestand in der Schweiz

A. Überblick

Im schweizerischen Strafrecht existieren - analog zum österreichischen Rechtsbestand, nicht jedoch zum deutschen - zwei unterschiedliche Tatbestände, welche einerseits die aktive Tötung auf Verlangen unter Strafe stellen, andererseits die Mitwirkung und die Beihilfe zum Suizid eines anderen - dies jedoch nicht generell, sondern nur bei Vorliegen besonderer Umstände. Bei diesen beiden Delikten muss - da es sich um unselbständige Privilegierungen handelt - zuerst der Grundtatbestand des Art 111 - vorsätzliche Tötung - verwirklicht sein. Erst dann kann im Wege der Subsumtion entschieden werden, ob privilegierende Umstände iSd Art 113 bis 116 bzw Qualifikationen nach Art 112 vorliegen.

Das schweizerische StGB kennt - so wie das deutsche und österreichische Strafrecht - vorsätzlich und fahrlässig begangene Tötungs- und Körperverletzungsdelikte. Der Grundtatbestand der Tötungsdelikte bildet in der Schweiz Art 111, die vorsätzliche Tötung, wonach jemand

> *„vorsätzlich einen Menschen tötet, ohne dass eine der besonderen Voraussetzungen der nachfolgenden Artikel zutrifft, mit Freiheitsstrafe nicht unter fünf Jahren zu bestrafen ist."*

Liegt beim Täter oder bei einem Beteiligten eine ‚besondere Voraussetzung' vor, wird der Betreffende nach StGB Art 112, 113, 114 oder 116 beurteilt. „Es handelt sich um ‚persönliche Verhältnisse', die nach StGB Art 27 die Qualifikation des Verhaltens anderer Beteiligter unberührt lassen."[351]

---

350 Vgl *Baumgarten*, The Right to Die? Rechtliche Probleme um Sterben und Tod (2000) 115.

351 *Donatsch/Flachsmann/Hug/Weder*, Schweizerisches Strafgesetzbuch - Kommentar[17] (2006) 201.

B. Direkte aktive Sterbehilfe - Art 114 schwStGB - Tötung auf Verlangen

Die erste Privilegierung der vorsätzlichen Tötung nach Art 111 schwStGB stellt der Tatbestand der Tötung auf Verlangen nach Art 114 schwStGB dar.

Nach Art 114 schwStGB wird,

> *„wer aus achtenswerten Beweggründen, namentlich aus Mitleid, einen Menschen auf dessen ernsthaftes und eindringliches Verlangen tötet, mit Freiheitsstrafe bis zu drei Jahren oder Geldstrafe bestraft."*

1. Objektiver Tatbestand

Zur Verwirklichung des Tatbestandes des Art 114 müssen zunächst sämtliche Erfordernisse des Art 111 erfüllt sein.[352] Dies bedeutet, dass zum einen eine Tötungshandlung durch einen Menschen stattfinden muss. Tatsubjekt kann jedermann sein, Tatobjekt ist ein anderer Mensch. Die Tathandlung besteht in der aktiven Vornahme einer Handlung, welche zum Tod eines anderen Menschen führt. In subjektiver Hinsicht ist zumindest Eventualvorsatz notwendig.[353] Weitere Voraussetzungen, insb besondere Schuldmerkmale sind für die Verwirklichung des Art 111 nicht erforderlich.

Liegt der Grundtatbestand des Art 111 vor, dann muss zunächst geprüft werden, ob die privilegierenden Tatbestandsmerkmale des Art 114 vorliegen. Die Anwendung des Art 114 setzt ein ernst gemeintes, intensives Bitten einer urteilsfähigen Person voraus, getötet zu werden, welches für den Tatentschluss des Täters kausal ist.

Das Verlangen ist eindringlich, wenn sie auf nachdrückliche Aufforderung des Sterbewilligen hin verübt wird. Dh, dass das Verlangen aus eigenem Impuls vom Opfer ausgehen muss. Dies

---

352 Vgl *Baumgarten*, The Right to Die? Rechtliche Probleme um Sterben und Tod (2000) 169.

353 Vgl *Augustin/Heimgartner*, Strafrecht Besonderer Teil (2006) 23.

schließt jedoch nicht aus, dass die erste Idee dazu von einem anderen stammt.[354]

Das Verlangen ist ernstlich, wenn es ernst gemeint ist, dh es setzt Urteilsfähigkeit und Willensfreiheit voraus. Wenn das Opfer in einen Irrtum versetzt wird oder sich in einer Zwangslage befindet, scheidet Ernstlichkeit aus.[355]

2. Subjektiver Tatbestand

Bedingter Vorsatz genügt für das Vorliegen des subjektiven Tatbestandes. Als besonderes Schuldmerkmal müssen beim Täter zusätzlich achtenswerte Beweggründe im Spiel sein. Dies bedeutet beispielsweise, dass der Täter nicht nur aus Mitleid, sondern auch aus anderen opferbezogenen Motiven, wie Erbarmen handeln muss.[356] Wichtig zu erwähnen ist, dass das bloße Fehlen von egoistischen Beweggründen, welche beispielsweise nach Art 115 gefordert sind, nicht für die Verwirklichung des Tatbestandes nach Art 114 ausreicht.[357]

3. Rechtswidrigkeit

Grundsätzlich kommen keine Rechtfertigungsgründe in Betracht. In diesem Zusammenhang ist auf die jeweiligen Rechtfertigungsgründe und deren Ausschluss im österreichischen und deutschen Strafrecht zu verweisen.

4. Strafdrohung

Das Delikt der Tötung auf Verlangen wird im schweizerischen Strafrecht nach Art 114 mit Freiheitsstrafe bis zu drei Jahren oder Geldstrafe bestraft. Insoweit deckt sich die Strafdrohung der Freiheitsstrafe mit dem österreichischen Recht, obwohl im Gegensatz

---

354 Vgl *Stratenwerth/Jenny*, Schweizerisches Strafrecht Besonderer Teil I[6] (2003) N 39.

355 Vgl *Augustin/Heimgartner*, Strafrecht Besonderer Teil (2006) 25.

356 Vgl *Augustin/Heimgartner*, Strafrecht Besonderer Teil (2006) 23.

357 Vgl *Donatsch/Flachsmann/Hug/Weder*, Schweizerisches Strafgesetzbuch - Kommentar[17] (2006) 204.

zum schweizerischen im österreichischen Recht keine Geldstrafe anstatt der Freiheitsstrafe vorgesehen ist.

C. Passive Sterbehilfe

Bei der passiven Sterbehilfe nach schweizerischem Strafrecht muss man zwischen dem einseitigen Behandlungsabbruch durch den Arzt, und den einverständlichen Behandlungsverzicht des Patienten unterscheiden.

Die Straflosigkeit des Arztes folgt beim einverständlichen Behandlungsverzicht aus der Beschränkung der Garantenstellung durch den Willen des Patienten.[358]

Bezüglich des einseitigen Behandlungsabbruchs oder -verzichts ist eine Differenzierung zwischen urteilsfähigen und nicht urteils- und einsichtsfähigen Patienten vorzunehmen. Während beim einsichtsfähigen Menschen auf dessen mutmaßlichen Willen abzustellen ist, bereitet bei Nichtvorliegen eines solchen die Abgrenzung zwischen Strafbarkeit und Straflosigkeit des behandelnden Arztes erhebliche Schwierigkeiten.

Ist der Patient urteilsfähig, so muss auf seinen mutmaßlichen Willen abgestellt werden[359], womit die Garantenpflicht des Arztes erlischt bzw eingeschränkt wird und somit seine Strafbarkeit entfällt. Im gegenteiligen Fall, dh wenn der mutmaßliche Patientenwille nicht feststellbar ist, könnte eine Rechtfertigung der passiven Sterbehilfe über das Vorliegen von erheblichen Schmerzen bei einem Schwerleidenden begründet werden. In diesem Fall könnte eine rechtfertigende Pflichtenkollision eintreten, welche die „Garantenpflicht wegen Unzumutbarkeit weiterer sowohl lebens- als auch leidensverlängernder Maßnahmen entfallen lässt."[360]

---

358 Vgl *Baumgarten*, The Right to Die? Rechtliche Probleme um Sterben und Tod (2000) 178.

359 Vgl *Eser*, Vorbemerkungen zu §§ 211 ff, in *Schönke/Schröder (Hg)*, Strafgesetzbuch, Kommentar[24] (1991) N 29.

360 *Baumgarten*, The Right to Die? Rechtliche Probleme um Sterben und Tod (2000) 178.

Ist der Patient jedoch bewusstlos und ist somit auch kein mutmaßlicher Patientenwille eruierbar bzw besteht aufgrund der Bewusstlosigkeit kein Schmerzlinderungsbedürfnis, so ist das Erlöschen der Garantenpflicht bei Vornahme von lebensverkürzenden Maßnahmen fraglich. „Daher kommt hier ein Behandlungsverzicht nach allgemeinen Unterlassungsgrundsätzen nur dann in Betracht, wenn (weitere) lebensverlängernde Maßnahmen entweder faktisch unmöglich oder für Arzt oder Patient normativ unzumutbar sind."[361]

Dies bedeutet nun, dass bei einverständlichem Behandlungsverzicht eine Strafbarkeit des Arztes a priori entfällt. In diesem Zusammenhang kommt auch in der Schweiz der Patientenverfügung eine erhebliche Bedeutung zu. Durch diese Patientenverfügung „wehrt sich der Patient gegen eine ihm aufgedrängte Lebensverlängerung, er verweigert die Einwilligung zur ärztlichen Operation für den Fall irreversibler Bewusstlosigkeit, wahrscheinlicher schwerer Dauerschädigung des Gehirns, des dauernden Ausfalls lebenswichtiger Funktionen seines Körpers oder bei hoffnungsloser, infauster Prognose. Gleichzeitig verlangt der Patient palliative Medikation. [...] Dennoch ist der Begriff der Patientenverfügung nicht bloß auf negative Anweisungen (Behandlungsverweigerung) [...] zu beschränken; sie kann grundsätzlich ebenso positive Anweisungen (Behandlungsauftrag) beinhalten; denn der Inhalt der Verfügung begrenzt nicht nur die Behandlung, sondern kann auch Hinweis auf den Wunsch sein, dass die Behandlung bis zu diesen (genau bestimmten) Grenzen zu unternehmen ist."[362]

Die privatrechtliche Grundlage für die schweizerische Patientenverfügung findet sich in den Art 27 ff ZGB (Persönlichkeitsschutz) und Art 19 und 20 OR (Vertragsinhalt), Art 394 ff (Auftrag) und Art 419 ff (Geschäftsführung ohne Auftrag). Nach *Guillod/Guinand* ist eine Patientenverfügung nicht rechtswidrig/sittenwidrig, wenn bei Vorliegen einer unheilbaren Krankheit, bei Vorliegen eines irrever-

---

361 *Detering*, Forum: § 216 StGB und die aktuelle Diskussion um die Sterbehilfe (1983) 419.

362 *Baumgarten*, The Right to Die? Rechtliche Probleme um Sterben und Tod (2000) 305.

siblen Komas oder einer schweren und unheilbaren physischen oder mentalen Störung der Behandlungsverzicht gewünscht wird.

D. Die Mitwirkung am Selbstmord - Art 115 schwStGB

1. Allgemeines

Die Schweiz pönalisiert - wie Österreich und im Gegensatz zu Deutschland - die Verleitung und die Beihilfe zum Selbstmord in Art 115 schwStGB. Im Unterschied zum österreichischen Rechtsbestand reduziert sich jedoch die Anwendbarkeit des schweizerischen Tatbestandes der Beihilfe und Mitwirkung zum Suizid auf jene Fälle, in denen der Täter aus selbstsüchtigen Beweggründen gehandelt hat.

2. Objektiver Tatbestand

Nach Art 115 schwStGB macht sich strafbar,

> *„wer aus selbstsüchtigen Beweggründen jemanden zum Selbstmorde verleitet oder ihm dazu Hilfe leistet."*

Art 115 umfasst sowohl die Fälle, in welchem es tatsächlich zu einem Selbstmord kommt, als auch statuiert er eine Versuchsstrafbarkeit für Fälle, in denen der Selbstmord nur versucht, aber nicht ausgeführt wurde.

Selbstmord begeht, wer sich in eigenverantwortlicher Weise durch eigenes Handeln tötet. Das Opfer muss über die alleinige Tatherrschaft verfügen.[363] Im Gegensatz dazu liegt kein Selbstmord vor, wenn ein Beteiligter das Geschehen in der Hand hat. In einem solchen Fall kommt es zur Anwendung der Art 111 bis 114. Dasselbe gilt für die Teilnahme am Suizid anderer Personen, welche die notwendige Urteils- und Entschlussfähigkeit nicht aufweisen können. Auch Selbstmord liegt auch nicht bei Täuschung oder Zwang vor.[364]

---

363 Vgl *Rehberg/Schmid/Donatsch*, Delikte gegen den Einzelnen[8] (2003) 15.

364 Vgl *Augustin/Heimgartner*, Strafrecht Besonderer Teil (2006) 25.

Verleiten bedeutet, dass der Täter diesbezüglich auf die Willensbildung des Opfers unmittelbar Einfluss nehmen muss. Dies entspricht der schweizerischen Teilnahmeform der Anstiftung nach Art 24 schwStGB.

Unter Beihilfe versteht das schweizerische Strafrecht die Hilfeleistung, dh der Täter muss aktiv den Sterbewilligen bei der Ausführung seiner Selbstmordhandlung unterstützen. Insofern entspricht die Beihilfe der schweizerischen Teilnahmeform der Gehilfenschaften nach Art 25 schwStGB.

3. Subjektiver Tatbestand

Bezüglich der Rechtswidrigkeit vergleiche man die Ausführungen in den jeweiligen Kapiteln des deutschen und österreichischen Rechtsbestandes.

4. Rechtswidrigkeit

In subjektiver Hinsicht erfordert der Tatbestand der Verleitung und Beihilfe am Selbstmord zumindest bedingten Vorsatz hinsichtlich der Verleitungs- oder Beihilfehandlung. Auch ist zumindest erforderlich, dass sich der Vorsatz mindestens auf die Verleitung oder Beihilfe zum versuchten Selbstmord bezieht - endgültige Ausführung ist nicht notwendig.

Als besonderes Schuldmerkmal erfordert Art 115 selbstsüchtige Beweggründe. Diese selbstsüchtigen Beweggründe sind beispielsweise Profitgier, müssen jedoch nicht immer materieller Natur sein. Auch verwerfliche Beweggründe wie Rache oder Hass führen zur Verwirklichung des Tatbestandes. Gleichgültigkeit reicht jedoch nicht aus.[365]

5. Strafdrohung

Die Strafdrohung ist, aufgrund des Erfordernisses der selbstsüchtigen Beweggründe und der daraus folgenden general- und spezialpräventiven Überlegungen, mit fünf Jahren Freiheitsstrafe höher

---

365 Vgl *Augustin/Heimgartner*, Strafrecht Besonderer Teil (2006) 26.

als das äquivalente Delikt im österreichischen Rechtsbestand. Alternativ dazu ist jedoch auch eine Geldstrafe möglich, welche im österreichischen Recht nicht vorgesehen ist.

E. Dignitas - Menschenwürdig leben, menschenwürdig sterben

1. Entstehung und Entwicklung

‚Dignitas - Menschenwürdig leben - Menschenwürdig sterben' ist eine Organisation auf vereinsrechtlicher Basis, welche es sich zum Ziel gesetzt hat, Menschen bei ihrem Freitodentschluss mental und physisch zu unterstützen.

Ausgehend von einigen Fällen in den 70er Jahren, bei denen Ärzte ihren Patienten einen assistierten Freitod angeboten haben und letztendlich gegen sie ein Strafverfahren eingeleitet wurde, führte 1977 zu einer Volksabstimmung in der Schweiz. Es wurde gefordert, dass im Falle von unheilbar Kranken eine Möglichkeit zur aktiven Sterbehilfe angeboten werden sollte, ohne dass strafrechtliche Sanktionen für die betroffenen Ärzte folgen würden. Dieses Begehren wurde durch das schweizerische Bundesvolk angenommen und im Bundesparlament eingereicht, welches diesen Vorschlag dennoch zurückwies.

Daraufhin wurde 1982 in der französischen Schweiz eine Vereinigung mit dem Namen EXIT gegründet, welche es sich zum Ziel setzte, ihren Mitgliedern eine schriftliche Anleitung zum Freitod zu geben. Kurz darauf folgte auch in der deutschen Schweiz die Gründung einer solchen Vereinigung, welche sich vorerst ebenso auf die Aushändigung schriftlicher Freitodanleitungen beschränkte. Erst im Laufe der Zeit gingen beide Organisationen darauf über, auch einen assistierten Freitod anzubieten.

Aufgrund von heftigen Auseinandersetzungen in der Generalversammlung von EXIT in der deutschen Schweiz, folgte am 17. Mai 1998 die Gründung des Vereins Dignitas durch den Journalisten und Anwalt Ludwig A. Minelli.

Ua hat sich auch in Deutschland eine Sektion von Dignitats entwikkelt, ‚Dignitate-Deutschland', welche es sich in erster Linie zum Ziel gesetzt hat, die deutsche Debatte um die Sterbehilfe zu beeinflussen, indem eine rechtliche Möglichkeit des assistierten Freitods gefordert wird. Ein solcher ist derzeit aufgrund des deutschen Strafrechtsbestandes nicht möglich, da das deutsche Strafrecht einen solchen ua nach § 309c dStGB sanktioniert.[366]

2. Zielsetzungen und Aufgaben

Aus den Statuten[367] des Vereins Dignitas ergibt sich dessen Zweck. Nach Art 2 Abs 1 der Statuten bezweckt der Verein, seinen Mitgliedern ein menschenwürdiges Leben wie auch ein menschenwürdiges Sterben zu sichern. Dies erreicht Dignitas nach Art 2 Abs 2 der Statuten dadurch, dass er seinen Mitgliedern im Rahmen seiner Möglichkeiten durch Rat und Tat Hilfe leistet, wo deren Anspruch auf Beachtung ihrer Menschenwürde bedroht zu sein scheint.

Insbesondere leitet Dignitas für seine Mitglieder folgende Dienste:

> *„a) Er verschafft ihnen eine für die Dauer ihrer Mitgliedschaft rechtlich wirksame Patientenverfügung, welche von Ärzten und Krankenhäusern beachtet werden muss und zu deren Durchsetzung der Verein seinen Destinatär-Mitgliedern, wo notwendig, direkte Hilfe durch einen Rechtsanwalt zukommen lässt; und*
>
> *b) er verschafft ihnen bei einem frei gewählten Tod eine menschenwürdige Freitodbegleitung durch geschultes Personal, wenn auf Verlangen des Destinatär-Mitglieds auf diese weise einem unerträglich gewordenen Leiden und einer sinnlosen Lebensverlängerung ein Ende gesetzt werden soll."*

Wichtig zu erwähnen ist Art 2 Abs 5 der Statuten, in welchem festgehalten wird, dass der Verein weder Erwerbs- noch Selbsthilfezwecke verfolgt. Dies stellt die eigentliche Rechtsgrundlage für die Tätigkeit von Dignitas dar. Wie oben dargelegt, macht sich in der Schweiz nach Art 115 schwStGB nur derjenige der Beihilfe zum Freitod strafbar, wer aufgrund von selbst- und gewinnsüchtigen

---

366 Vgl hierzu näher den dritten Teil der Schrift.

367 Statuten des Vereins ‚Dignitas – Menschenwürdig leben – Menschenwürdig sterben' vom 31. Mai 2007.

Motiven eine Hilfe zum Freitod eines Anderen leistet. Da Dignitas nur auf das Wohl seiner Mitglieder Bedacht nimmt und sämtliche Erwerbs- oder Gewinnzwecke nicht anstrebt, kann sich eine Strafbarkeit des Vereins bzw seiner Mitglieder nach schweizerischem Strafrecht nicht ergeben. Vielmehr finanziert sich Dignitas durch die Beiträge der Mitglieder und durch Spenden von Dritten.

Oberstes Organ von Dignitas ist die Generalversammlung der Aktivmitglieder. Leitendes Organ ist der Generalsekretär, welcher den Verein nach außen hin vertritt.[368]

3. Sterbetourismus?

Aufgrund der Tatsache, dass Mitglieder des Vereins Dignitas nicht nur Schweizer sind, sondern auch Staatsbürger anderer europäischer Staaten, entstand gleichzeitig mit der Gründung Dignitas die diesbezügliche Kritik, die Schweiz würde als Tourismusland für Freitodentschlossene dienen. Vielmehr würden nicht Grenzen gesetzt, sondern der Freitod und dessen schnelle ‚Erledigung' in der Schweiz propagiert. Vor allem im Kanton Zürich stieg in den letzten Jahren die Zahl an Sterbewilligen aus dem Ausland enorm an. Dies ist einerseits auf die ‚liberale' Strafgesetzgebung in der Schweiz zurückzuführen, andererseits auch auf die Tatsache, dass in einigen Fällen der assistierte Freitod binnen weniger Stunden am Sterbewilligen vollzogen wird, ohne dass eine gründliche Auseinandersetzung mit den Hintergründen und Motiven des Entschlusses stattfindet. Auch argumentieren die Gegner des Sterbetourismus, dass bei ausländischen ‚Patienten' deren Urteils- und Einsichtsfähigkeit viel schwieriger zu ermitteln sei als bei schweizerischen Staatsangehörigen. Weiters wird gegen den Sterbetourismus angeführt, dass erhebliche Kosten dadurch verursacht werden, da in bestimmten Fällen die Obduktion von Leichen, welche eine Freitodbegleitung in Anspruch genommen haben, durchgeführt werden muss. Als Lösungsmöglichkeiten führen die Gegner des Sterbetourismus an, dass eine erhöhte Schulung und Bildung für die Helfer des assistierten Freitods stattfinden müsse. Dies würde

---

368 Derzeit Ludwig A. Minelli.

zum einen die Risiken einer zu früh gefällten Entscheidung minimieren, andererseits das Prozedere erheblich verlängern, womit im Sinne der Suizidprophylaxe genüge getan wird.

Trotz aller Kritiken und Verbesserungsvorschläge steht jedenfalls tatsächlich fest, dass die Zahl der Sterbewilligen aufgrund der liberalen schweizerischen Gesetzgebung und der diesbezüglichen Sterbehilfemöglichkeiten zugenommen hat. Fraglich ist jedoch, ob tatsächlich ein Sterbetourismus im negativen Sinne Einzug gehalten, welchen es gilt zu reduzieren bzw zu verhindern. Fakt ist, dass ein assistierter Freitod nur bei ausreichender Einsichts- und Urteilsfähigkeit sowie nach genügend und umfassend stattgefundenen Aufklärungsgesprächen stattfinden soll. Auch die Anforderungen an die Mitarbeiter von Dignitas sollten hoch sein. Dennoch ist zu beachten, dass statistisch gesehen die Zahl der Suizide in der Schweiz abgenommen hat.[369] Dies ist darauf zurückzuführen, dass aufgrund der tatsächlich stattfindenden Aufklärungen und der etappenweise Vorgangsweise bei der Durchführung der Sterbehilfe sich die Ansichten der Sterbewilligen geändert haben, und zwar in dem Sinne, dass voreilig gefasste Entschlüsse überdacht wurden.

F. Fazit

Die schweizerische Eidgenossenschaft blickt auf eine lange Entwicklungsgeschichte zurück. Im Mittelalter fand hauptsächlich die CCC als zentrale Strafrechtsquelle Anwendung. Eine diesbezügliche Strafbarkeit des Freitods war vorgesehen. Bedingt durch den neuzeitlich föderalistischen Aufbau der Schweiz entwickelten sich unzählige kantonale Strafrechtskodifikationen, welche den Freitod und die Tötung auf Verlangen rechtlich unterschiedlich beurteilten. Erst mit der Gründung der helvetischen Republik und des somit zentral geregelten Strafrechts erfolgte eine einheitliche Regelung, welche durch die Nähe und Anlehnung an den französischen Code Pénal den Freitod nicht mehr unter Strafe stellte. Dies änderte sich in der sog Mediationszeit, wo die einzelnen Kantone ihre Gesetz-

369 Vgl *Minelli*, Das Recht auf den eigenen Tod, Schweizerische Juristen-Zeitung 95 (1999) 575.

gebungskompetenz auf dem Gebiet des Strafrechts zurückerlangten. Auch dadurch zersplitterte sich das schweizerische Strafrecht und unterschiedliche kantonale Bestimmunen prägten die Rechtslandschaft. Erst durch die Gründung der schweizerischen Eidgenossenschaft. Im Jahr 1889 erlangte der neu gegründete Schweizer Bund die Gesetzgebungskompetenz auf dem Gebiet des Strafrechtswesens. 1937 wurde ein Entwurf von Carl Stoss durch das schweizerische Bundesvolk angenommen und durch das Parlament bestätigt. Dieser trat 1942 als schweizerisches Strafgesetzbuch in Kraft und befindet sich bis heut ein Geltung.

Das schweizerische Strafrecht differenziert ebenso wie das österreichische zwischen den Tatbeständen der Tötung auf Verlangen und der Beihilfe zum Selbstmord. Letzterer ist in der Schweiz jedoch nur dann strafbar, wenn diese Beihilfe aus selbstsüchtigen oder niedrigen Beweggründen erfolgt, ansonsten ist sie straflos. Auf dieser strafrechtlichen Basis wurde der Verein Dignitas gegründet, welcher es sich zum Ziel setzt, Sterbewillige auf ihrem letzten Lebensweg durch Beratungsgespräche zu unterstützen sowie auch durch physische Vornahme bzw Ermöglichung des Freitods Hilfe leisten.

Fünfter Teil

Das Recht auf den Freitod – Verfassungsrechtliche Vorgaben und Probleme

I. Einführung

Im Folgenden soll ein Überblick über die verfassungsrechtlichen Besonderheiten des österreichischen, deutschen sowie auch des schweizerischen Verfassungsrechtsbestandes gegeben werden, wobei va auf die Frage eingegangen werden soll, ob ein verfassungsrechtlich garantiertes Recht auf den eigenen Freitod besteht, bzw ob die jeweils nationalen Verfassungsrechte die Tötung auf Verlangen und die Beihilfe zum Freitod ausdrücklich oder implizit verbieten.

Weiters soll auch auf die Europäische Menschenrechtskonvention (EMRK) eingegangen werden, hier insb auf die Art 2 und 8. Auch wird der Entscheidung des Gerichtshof für Menschenrechte im Fall ‚Pretty' in diesem Teil der Schrift besondere Bedeutung zukommen.

II. Österreichisches Verfassungsrecht

A. Das Bundes-Verfassungsgesetz und das Staatsgrundgesetz

Nach Art 85 B-VG[370] ist die Todesstrafe abgeschafft. Dies bedeutet indirekt, dass sich das B-VG zum Schutz des Lebens bekennt. „Dass Art 85 B-VG ein subjektives Recht gewährt, kann wohl nicht zweifelhaft sein."[371] Weitere Bestimmungen betreffend das Recht auf Leben bzw die Pflicht zum Leben lassen sich dem B-VG nicht entnehmen. Verfassungsrechtlich gewährleistete Rechte finden sich in der österreichischen Verfassung va im Staatsgrundgesetz aus 1867.

---

370 Bundes-Verfassungsgesetz, BGBl 1/1930 zuletzt geändert durch BGBl 1013/1994.

371 *Mayer*, Bundes-Verfassungsrecht[4] Kurzkommentar (2007) 311.

Nach Art 14 Abs 1 StGG[372] ist als Grundrecht die volle Glaubens- und Gewissensfreiheit für jedermann gewährleistet. Ob sich daraus ein Recht ergibt, selbst über sein Leben nach seinem Gewissen zu bestimmen, somit auch über den Zeitpunkt seines eigenen Todes, lässt sich Art 14 Abs 1 StGG nicht entnehmen. Vielmehr besteht „das Wesen der Glaubens- und Gewissensfreiheit im Ausschluss staatlichen Zwanges auf religiösen Gebieten (VfSlg 802, 1207, 3220, 10.547, 13.513)."[373]

B. Weitere Verfassungsgesetze

1. Art 63 Abs 1 Staatsvertrag von St. Germain

Art 63 Abs 1 des Staatsvertrages von St. Germain[374] lautet

> *„Österreich hat allen Einwohnern [...] ohne Unterschied der Geburt, Staatsangehörigkeit, Sprache, Rasse oder Religion vollen und ganzen Schutz von Leben und Freiheit zu gewähren."*

Nach dieser Bestimmung wird eine Schutzpflicht des Staates zugunsten des Lebens normiert.[375] Dennoch wird Art 63 Abs 1 derart interpretiert, dass kein allgemeines Lebensrecht, sondern lediglich ein spezifisch lebensrechtlicher Gleichheitsschutz gewährt wird.[376] Schutzrichtung des Art 63 Abs 1 ist nicht das Recht auf Leben, sondern das Leben selbst. Der Schutzbereich dieses Grundrechts ist absolut, dh der einfache Gesetzgeber darf in dieses Grundrecht nicht eingreifen, selbst dann, wenn ein öffentliches Interesse am Eingriff bestehen würde.[377] Strittig ist jedoch, in welchem Umfang der Staat dem Einzelnen Leben und Freiheit zu garantieren hat. Bezüglich des Grundrechtsverzichts jedes Einzelnen lässt sich ausfüh-

---

372 Staatsgrundgesetz, RGBl 142/1867 zuletzt geändert durch RGBl 1/1920.

373 *Mayer*, Bundes-Verfassungsrecht[4] Kurzkommentar (2007) 618.

374 StGBl 489/1920.

375 Vgl *Machacek*, Das Recht auf Leben in Österreich, EuGRZ 1983, 625 (463).

376 Vgl *Machacek*, Grundsatzfragen der Schwangerschaftsunterbrechung im Hinblick auf die verfassungsgesetzlich gewährleisteten Rechte auf Leben, JBl 1972, 497 (506).

377 Vgl *Kneihs*, Grundrechte und Sterbehilfe, Dissertation Wien (1998) 219.

ren, dass fraglich ist, ob ein solcher möglich ist, da es bei dieser Bestimmung grundsätzlich um den Auftrag an den Staat geht, das Leben und die Freiheit unabhängig von verschiedenen Kriterien der Differenzierung zu schützen.[378]

Festgehalten werden kann, dass ein Grundrechtsverzicht des Einzelnen zu Lasten des Kollektivs nicht möglich ist, da die Schutzrichtung dieses Grundrechts nur den Staat verpflichtet, das Rechtsgut Leben zu schützen, jedoch dem Einzelnen nicht die Möglichkeit verleiht, selbstbestimmt auf dieses Grundrecht zu verzichten.

2. Art 1 Abs 1 PersFrG

Der Schutz der persönlichen Freiheit ist ua im Art 1 Abs 1 des BVG vom 29.11.1988 über den Schutz der persönlichen Freiheit[379] geregelt. Es räumt jedermann das Recht auf Freiheit und Sicherheit ein und regelt die Zulässigkeit der Einschränkung und den erforderlichen Rechtsschutz.[380]

Jedoch richtet sich auch dieses Grundrecht allein gegen den Staat und verpflichtet diesen, die verfassungsrechtlichen und einfachgesetzlichen Vorgaben für jenen Fall zu beachten, in dem er anstrebt, die persönliche Freiheit des Einzelnen zu beschränken. „Geschützt ist die körperliche Bewegungsfreiheit natürlicher Personen (VfSlg 10.627, 11.594) vor willkürlichen Eingriffen der staatlichen Gewalt."[381]

Ein subjektives Recht des Menschen, selbst über sein Leben bzw über seine persönliche Freiheit zu entscheiden, lässt sich aus Art 1 Abs 1 PersFrG nicht ableiten, somit auch kein Recht, selbst zu bestimmen, wann und wie man seinem Leben ein Ende setzt.

---

378 Vgl *Kneihs*, Grundrechte und Sterbehilfe, Dissertation Wien (1998) 222.

379 BVG zum Schutz der persönlichen Freiheit, BGBl 684/1988.

380 Vgl *Walter/Mayer*, Bundesverfassungsrecht[9] (2000) 584.

381 *Mayer*, Bundes-Verfassungsrecht[4] Kurzkommentar (2007) 632.

C. Fazit

Dem ‚originiär' österreichischen Verfassungsrecht lässt sich weder ein Recht zur Bestimmung des eigenen Freitodes entnehmen, noch lässt es Tendenzen erkennen, wonach eine Pflicht zu Leben besteht. Aufgrund der Geltung der Europäischen Menschenrechtskonvention im österreichischen Verfassungsrecht ist somit auf Kapitel V zu verweisen.

III. Deutsches Verfassungsrecht

A. Die Menschenwürde als Grundlage der freien Entscheidung

Der Begriff der Menschenwürde ist eng mit dem Naturrecht und der philosophischen Anthropologie verbunden. Er impliziert ein spezifisches Charakteristikum des Menschen, aufgrund dessen sich dieser von anderen Lebewesen unterscheidet.[382]

„Jeder Mensch ist Mensch kraft seines Geistes, der ihn abhebt von der unpersönlichen Natur und ihn aus eigener Entscheidung dazu befähigt, seiner selbst bewusst zu werden, sich selbst zu bestimmen und sich und die Umwelt zu gestalten."[383]

Aus dieser Definition des Begriffs Menschenwürde folgt, dass jeder Mensch ein grundsätzliches Recht darauf hat, über sein Leben und die Gestaltung seines Lebens - mithin auch über dessen Beendigung - frei zu entscheiden.

Fraglich ist jedoch, ob das ‚Recht der Menschenwürde' tatsächlich jedem Menschen zukommt bzw inwieweit dieses Recht verfassungsrechtlich in Deutschland verankert ist. Nach Art 1 deutsches GG ist die Würde des Menschen unantastbar. Sie muss von der staatlichen Gewalt geachtet und geschützt werden. Was tatsächlich unter Menschenwürde in diesem Sinne zu verstehen ist, lässt sich aus Art 1 GG nicht ableiten. Der deutsche Bundesverfassungsgerichtshof verwendet für die Definition der Menschenwürde die von *Dürig* entwickelte Objektformel. Danach „widerspricht es der

---

382 Vgl *Baumgarten*, The Right To Die? Rechtliche Probleme um Sterben und Tod (2000) 57.

383 *Maunz/Dürig/Herog*, Grundgesetz. Kommentar (1993) Art 1 Abs 1 N 18.

menschlichen Würde, den Menschen zum bloßen Objekt im Staate zu machen. [...] Der Mensch darf nicht einer Behandlung ausgesetzt werden, die seine Subjektqualität prinzipiell in Frage stellt."[384]

Die Menschenwürde wird somit als Aufgabe des Einzelnen verstanden, „sich seinen Möglichkeiten entsprechend hin zum Humanen zu entwickeln: die Freisetzung des Menschen aus seiner unmündigen Verstrickung in innere und äußere Zwänge, die Entfaltung der in ihm schlummernden Person, die Entwicklung der Fähigkeit zum Denken und zum Gedankenaustausch und der friedlichen Verständigung. [...] Auf der anderen Seite wird dem Staat, dh der Gesellschaft die Aufgabe gegeben, die Bedingungen zu schaffen, unter denen das Ideal des guten Lebens ermöglicht wird und unter denen sich das menschenwürdige Leben entwickeln kann: Gewährleistung der Gleichberechtigung der Gesellschaftsmitglieder, Schutz und Förderung der Freiheit ihrer persönlichen Verwirklichung (autonomer Selbstbestimmung), Hinführung der Gesellschaftsmitglieder zu reifem Urteilsvermögen und zur vernünftigen Einsicht und Abbau der Zwänge im Staat."[385]

B. Das Grundgesetz

Sollte ein verfassungsmäßig garantiertes Recht auf Selbsttötung bestehen, so hätte dies Konsequenzen für die strafrechtliche Beurteilung des Beteiligten an der Selbsttötung, da dessen Strafbarkeit somit ausgeschlossen wäre. Der Freitod selbst ist straflos, dies gilt jedoch nicht analog für die Beteiligung daran.[386] Vielmehr müsste verfassungsrechtlich explizit feststehen, dass jeder Mensch freie Entscheidungen treffen kann - dies natürlich nur solange, als keine Rechtsgüter anderer gefährdet wären. Ob eine solche freie Entscheidung eines jeden Menschen aus dem deutschen Grundgesetz abgeleitet werden kann, ist fraglich. Fest steht, dass freie Entschei-

---

384 *Maunz/Dürig/Herog*, Grundgesetz. Kommentar (1993) Art 1 Abs 1 N 29.

385 *Baumgarten*, The Right To Die? Rechtliche Probleme um Sterben und Tod (2000) 62.

386 Vgl *Beckert*, Strafrechtliche Probleme um Suizidbeteiligung und Sterbehilfe unter besonderer Berücksichtigung historischer und ethischer Aspekte (1996) 129.

dungen des Menschen zumeist vorgehen – dies jedoch nur insoweit, als das menschliche Leben als höchstes Rechtsgut nicht angegriffen wird. Dies umfasst auch das Leben des Sterbewilligen selbst.

1. Art 1 GG

Art 1 GG lautet

> *„(1) Die Würde des Menschen ist unantastbar. Sie zu achten und zu schützen ist Verpflichtung aller staatlichen Gewalt. (2) Das Deutsche Volk bekennt sich darum zu unverletzlichen und unveräußerlichen Menschenrechten als Grundlage jeder menschlichen Gemeinschaft, des Friedens und der Gerechtigkeit in der Welt."*

Ob sich aus Art 1 GG ein Recht auf den Freitod ableiten lässt, ist strittig. Oberstes Gut ist die Menschenwürde. Diese Menschenwürde wird sicherlich beeinträchtigt, wenn ein Todkranker gegen seinen Willen am Leben erhalten wird, obwohl er Qualen und Leiden zu ertragen hat. Dennoch richtet sich die Achtung der Menschenwürde nur gegen den Staat und es kann in der Nichtanerkennung des Freitods keine Degradierung des Menschen vom Subjekt zum Objekt staatlichen Handels erblickt werden.[387] Auch ist fraglich, ob Art 1 GG ein subjektives Recht verbrieft – die Position des Bundesverfassungsgerichts ist uneinheitlich. Doch auch die Literatur argumentiert diesbezüglich differenziert. Von einem Teil der Lehre wird angenommen, dass Art 1 GG kein subjektives Grundrecht verbrieft, da keine Situation vorstellbar ist, wo ein staatlicher Eingriff nicht automatisch auch einen Eingriff in ein ‚tatsächliches' Grundrecht darstellen würde, womit sich eine Deklaration des Art 1 GG als subjektives Recht erübrigen würde. Beispielsweise würde ein staatlicher Verstoß gegen die Menschenwürde ebenso das Grundrecht auf Freiheit nach Art 2 GG oder den Gleichheitssatz gem Art 3 GG verletzen, ohne dass nur der Schutzbereich des Art 1 GG betroffen wäre. Somit wäre eine ausdrückliche Deklaration des

---

[387] Vgl *Niestroj*, Die rechtliche Bewertung der Selbsttötung und die Strafbarkeit der Suizidbeteiligung (1983) 74.

Art 1 GG als subjektives Recht überflüssig.[388] Dennoch hat das Bundesverfassungsgericht in einer Entscheidung festgehalten, dass eine Verletzung eines zusätzlichen Grundrechts die staatliche Bindung an Art 1 GG nicht ausschließt.[389]

Versteht man unter Art 1 GG ein subjektives Recht, welches jedem einzelnen zukommt, so ist sein Schutzbereich dennoch nicht eindeutig zu bestimmen. Heutzutage bezieht sich der Begriff der Würde immer mehr auf Randbereiche sozialer Vorgänge und Erfahrungen mit der Würde des Menschen würden immer seltener gemacht werden.[390] Nach dem Bundesverfassungsgerichtshof ist bei der Beurteilung der Menschenwürde und deren Verletzung immer auf den konkreten Fall einzugehen.

Auch ist fraglich, welchen zeitlichen Geltungsbereich Art 1 GG aufweist bzw ob sich die Menschenwürde auch auf die Zeit nach dem Tod eines Menschen bezieht. Nach einer Entscheidung des Bundesverfassungsgerichtshofs endet die Verpflichtung des Staates zum Schutz der Menschenwürde nicht mit dem Tode eines Menschen, sondern die Würde besteht auch noch nach dem Tod eines Menschen weiter.[391] Dh die Persönlichkeit eines Verstorbenen ist zu achten. Für die Sterbehilfe ist dieses Bekenntnis insoweit von Bedeutung, als im Falle eines irreversiblen Gesundheitszustandes sich die Frage stellt, ob der Zustand eines Handlungsunfähigen, welcher sich beispielsweise im Koma befindet mit dem eines bereits Verstorbenen vergleichbar ist. Würde der Arzt in das fremde Leben des Komapatienten eingreifen und sein Leiden durch Abstellen lebenserhaltender Apparate beenden, so würde dies einerseits einen Eingriff in die Menschenwürde darstellen, da der Arzt in einem solchen Fall unzulässig über fremdes Leben verfügt. Andererseits ist jedoch zu beachten, dass unnötiges Leiden und ein unmenschlicher Zustand die Würde des Menschen ebenso missachtet. Würde

---

388 Vgl *Maunz/Dürig/Herog*, Grundgesetz. Kommentar (1993) Art 1 Abs 1 N 13.

389 BVerfGE 61, S 126 [137].

390 *Pieroth/Schlink*, Grundrechte (2004) 91.

391 BVerfG 30, S 173 [194].

man nun den Grundsatz heranziehen, dass die Würde eines Verstorbenen zu schützen ist, dann könnte man die Überlegung anstellen, dass im Falle eines irreversiblen Gesundheitszustand das ‚Weiterlebenlassen' die Würde des Patienten ebenso verletzten würde.[392] Zur Beantwortung dieser Frage liegen beim Bundesverfassungsgerichtshof noch keinerlei Entscheidungen vor, sodass weiterhin davon auszugehen sein wird, dass der aktive Schutz der Menschenwürde iSv Lebenserhaltung Vorrang genießt.

Weiters ist festzuhalten, dass Art 1 GG die Menschenwürde „nur negativ gegen Angriffe abschirmen"[393] soll und den Staat zu einem positiv Tun iSv ‚Schützen' verpflichtet, jedoch nicht zum Schutz vor materieller oder emotionaler Not. Das physische menschliche Leben selbst ist Gegenstand der Menschenwürde und als solches unantastbar. Dies bedeutet, dass es grundsätzlich keine Schranken für den Schutz der Menschenwürde geben kann. Dennoch „erfährt Art I durch das auf Gemeinschaftsbezogenheit und Gemeinschaftsgebundenheit ausgerichtete Menschenbild des GG eine angemessene Beschränkung."[394]

Somit lässt sich aus Art 1 GG kein Recht auf den Freitod ableiten, da das Rechtsgut Leben höher bewertet wird und strafrechtlich immer zu schützen ist.

2. Art 2 Abs 1 GG

Art 2 Abs 1 GG lautet

> *„Jeder hat das Recht auf die freie Entfaltung seiner Persönlichkeit, soweit er nicht die Rechte anderer verletzt und nicht gegen die verfassungsmäßige Ordnung oder das Sittengesetz verstößt."*

---

392 Vgl *Maunz/Dürig/Herog,* Grundgesetz. Kommentar (1993) Art 1 Abs 1 N 23.

393 *Schmidt-Bleibtreu/Klein,* Kommentar zum Grundgesetz für die Bundesrepublik Deutschland² (1969) Art 1 Rz 12.

394 *Seifert/Hömig,* Grundgesetz für die Bundesrepublik Deutschland⁵ (1995) Art I Rz 6.

Art 2 Abs 1 GG gewährleistet die Handlungsfreiheit unter Beschränkung auf die verfassungsmäßige Ordnung. Er verbietet Eingriffe des Staates, welche nicht dem rechtsstaatlichen Prinzip entsprechen.[395] Dennoch muss „sich der einzelne Schranken seiner Handlungsfreiheit gefallen lassen, die der Gesetzgeber zur Pflege und Förderung des sozialen Zusammenlebens in den Grenzen des bei dem gegebenen Sachverhalt allgemein Zumutbaren sieht, vorausgesetzt, dass dabei die Eigenständigkeit der Person gewahrt bleibt, gefallen lassen."[396] Ob unter Art 2 Abs 1 auch die menschliche Handlungsfreiheit im weitesten Sinne zählt, also die Möglichkeit des Menschen zu tun und zu lassen, was er will, hat der Bundesverfassungsgerichtshof offen gelassen.[397] Fest steht jedoch, dass „sich der einzelne Schranken seiner Handlungsfreiheit gefallen lassen, die der Gesetzgeber zur Pflege und Förderung des sozialen Zusammenlebens in den Grenzen des bei dem gegebenen Sachverhalt allgemein Zumutbaren sieht, vorausgesetzt, dass dabei die Eigenständigkeit der Person gewahrt bleibt, gefallen lassen."[398] Der Verfassungsgesetzgeber meint hierbei eine Notwendigkeit zur Aufrechterhaltung der verfassungsmäßigen Ordnung. „Darunter versteht man die allgemeine Rechtsordnung, die die materiellen und formellen Normen der Verfassung zu beachten hat, also eine verfassungsmäßige Rechtsordnung sein muss. Der Bürger wird in seiner allgemeinen Handlungsfreiheit legitim eingeschränkt nicht nur durch die Verfassung oder gar nur durch elementare Verfassungsgrundsätze, sondern durch jede formell und materiell verfassungsmäßige Rechtsnorm. [...] Der einzelne muss sich insbesondere diejenigen Schranken seiner Handlungsfreiheit gefallen lassen, die der Gesetzgeber zur Pflege des sozialen Zusammenlebens in den Grenzen des bei dem gegebenen Sachverhalt allgemein Zu-

---

395 Vgl *Schmidt-Bleibtreu/Klein,* Kommentar zum Grundgesetz für die Bundesrepublik Deutschland[2] (1969) Art 2 Rz 2.

396 *Schmidt-Bleibtreu/Klein,* Kommentar zum Grundgesetz für die Bundesrepublik Deutschland[2] (1969) Art 1 Rz 2.

397 Vgl BVerfGE 4,15 vom 20. Juli 1954.

398 *Schmidt-Bleibtreu/Klein,* Kommentar zum Grundgesetz für die Bundesrepublik Deutschland[2] (1969) Art 1 Rz 2.

mutbaren zieht, vorausgesetzt, dass dabei die Eigenständigkeit der Person gewahrt bleibt."[399]

Ob eine Auslegungsvariante dieses Artikels unter der Entfaltung der Persönlichkeit auch die Entscheidung zur Selbsttötung versteht, ist fraglich. Zum einen ist festzuhalten, dass „das Sittengesetz formal eine selbständige Schranke gegenüber dem einzelnen bei der freien Entfaltung seiner Persönlichkeit bildet."[400] Auch wird nach hL die Ansicht vertreten, dass die Entfaltung der Persönlichkeit nicht die Vernichtung der körperlichen Existenz mitumfasst.[401] Dies deshalb, da nur sehr selten der Freitod aus dem Wunsch nach Kreativität heraus resultiert. Somit kann der Freitod als Persönlichkeitsentfaltung nicht verstanden werden, da der Gesunde einen Selbsterhaltungstrieb verspürt, welcher ihn daran hindert, sein Leben in dieser Weise zu gestalten.

Daher kann ein Recht auf den Freitod auch nicht aus Art 2 Abs 1 GG abgeleitet werden.

3. Art 2 Abs 2 Satz 1 GG

> *„Jeder hat das Recht auf Leben und körperliche Unversehrtheit."*

Das Recht auf Leben und körperliche Unversehrtheit beschränkt sich darauf, „negativ ein Recht auf Leben und körperliche Unversehrtheit zu statuieren, dh insbesondere den staatlich organisierten Mord und die zwangsweise durchgeführten Experimente an Menschen auszuschließen [...] und gebietet ganz allgemein, bei der Beurteilung der Zulässigkeit von [staatlichen] Eingriffen in dieses Grundrecht das Prinzip der Verhältnismäßigkeit zu beachten."[402]

---

399 *Schmidt-Bleibtreu/Klein*, Kommentar zum Grundgesetz für die Bundesrepublik Deutschland² (1969) Art 1 Rz 9.

400 *Schmidt-Bleibtreu/Klein*, Kommentar zum Grundgesetz für die Bundesrepublik Deutschland² (1969) Art 1 Rz 12.

401 Vgl *Köhler*, Freiheitliches Rechtsprinzip und Betäubungsmittelsstrafrecht, ZStW 104 1992, 3 (20).

402 *Schmidt-Bleibtreu/Klein*, Kommentar zum Grundgesetz für die Bundesrepublik Deutschland² (1969) Art 1 Rz 20.

Wenn tatsächlich ein uneingeschränktes verfassungsrechtliches Recht auf Leben bestünde, „dann müsste das Recht auf Leben auch die Verfügungsbefugnis über das eigene Leben erfassen."[403] Nach *Hamann-Lenz* besteht somit nicht nur ein Recht auf die körperliche Unversehrtheit, sondern auch ein Recht, über seine körperliche Unversehrtheit selbst zu entscheiden.[404] Als Gegenargument wird vorgebracht, dass es aus strafrechtlichen Gründen erforderlich sei, die körperliche Unversehrtheit zu schützen. „Auch belebt die Existenz des § 216 die eindeutige Tendenz des Staates, das Leben der Bürger, anders als deren körperliche Unversehrtheit, als herausgehobenes Gut zu betrachten."[405] Dies bedeutet daher, dass der Gesetzgeber die Verfügung des Einzelnen über seine körperliche Integrität zulässt, eine solche über das menschliche Leben aus strafdogmatischen Gründen jedoch nicht. Diese Reduzierung des grundrechtlichen Schutzes steht im Einklang mit der Aufrechterhaltung der verfassungsmäßigen Ordnung.

Festgehalten werden kann daher, dass das Recht auf Leben nicht als ein Recht über das Leben verstanden werden kann.[406]

4. Art 4 Abs 1 GG

> *„Die Freiheit des Glaubens, des Gewissens und die Freiheit des religiösen und weltanschaulichen Bekenntnisses sind unverletzlich."*

Art 4 Abs 1 GG schützt die Glaubens-, Religions- und Gewissensfreiheit des Menschen. Die hM spricht auch von einem umfassend

---

403 *Beckert,* Strafrechtliche Probleme um Suizidbeteiligung und Sterbebegleitung unter besonderer Berücksichtigung historischer und ethischer Aspekte (1996) 130.

404 Vgl *Hamann/Lenz,* Das Grundgesetz für die Bundesrepublik Deutschland vom 23. Mai 1949[3] (1970) Art 2 B8.

405 *Köhler,* Freiheitliches Rechtsprinzip und Betäubungsmittelsstrafrecht, ZStW 104 1992, 3 (20).

406 Vgl *Beckert,* Strafrechtliche Probleme um Suizidbeteiligung und Sterbebegleitung unter besonderer Berücksichtigung historischer und ethischer Aspekte (1996) 133.

verankerten Toleranzgebot.[407] Man versteht unter Glauben „die innere Überzeugung des Menschen von Gott und dem Jenseits; sie können positiver oder negativer Natur sein, also auch glaubensfeindlicher Art. Unter Gewissen versteht man das Bewusstsein des Menschen von der Existenz des Sittengesetzes und seiner verpflichtenden Kraft. Unter Bekenntnis versteht man die Kundgabe seines Glaubens und Gewissens sowie von einzelnen Entscheidungen, die auf Grund des Glaubens oder Gewissens getroffen worden sind, an die Umwelt."[408] Die Freitodentscheidung kann jedoch nicht als Gewissensentscheidung angesehen werden, da es sich um eine in einer Notlage getroffene Entscheidung handelt, nicht aber um eine sittliche, die ein Abwägen zwischen sittlich Zulässigem und Unzulässigem voraussetze.[409] Somit ist auch aus Art 4 Abs 1 GG kein Recht auf den eigenen Freitod ableitbar.

C. Fazit

Weder aus Art 1 oder 2, noch aus Art 4 deutsches GG ist ein Recht des Einzelnen auf seinen eigenen Freitod ableitbar. Primär richten sich die Grundrechte des GG gegen den Staat als solchen, sodass unter sorgfältiger Abwägung immer beurteilt werden muss, ob der Staat in dieses jeweilige Grundrecht eingreift. Auch ist die Freitodentscheidung weder unter der Entfaltung der eigenen Persönlichkeit, noch unter die Glaubens- oder Gewissensentscheidungen subsumierbar, da diese eine andere Zielrichtung haben und die Selbsttötung nicht erfassen. Weiters ist festzuhalten, dass der Staat das Rechtsgut Leben höher bewertet, als die körperliche Unversehrtheit, womit auch ein Recht auf den Freitod nicht aus Art 2 Abs 2 Satz 1 GG ableitbar ist. Derzeit finden Bestrebungen statt, einen Präzedenzfall zu schaffen. Dignitae Deutschland plant ein Exempel zu statuieren und an einem sterbewilligen Patienten Sterbehilfe zu leisten. Sollte der Sterbehelfer nach § 309c dStGB angeklagt werden, droht Dignitae Deutschland diesen Fall bis zum Bundesge-

---

407 Vgl *Lumann*, Die Gewissensfreiheit und das Gewissen, AöR 90 1965, 257.

408 *Maunz*, Deutsches Staatsrecht[17] (1965) 116.

409 Vgl *Wagner*, Selbstmord und Selbstmordverhinderung (1975) 87.

richtshof zu bringen. Hiervon erwartet sich der Verein einerseits ein Umdenken in der Rechtsprechung und Legislative zu erreichen, andererseits jedoch auch Rechtssicherheit und -klarheit herzustellen.

IV. Schweizerisches Verfassungsrecht

A. Die Menschenwürde als Grundlage für die freie Entscheidung

Die Bundesverfassung für die schweizerische Eidgenossenschaft vom 12. September 1848 wurde nach Neufassung des Verfassungstextes am 18. April 1999[410] dahingehend geändert, dass nach dem neuen Art 7

> *„die Würde des Menschen zu achten und zu schützen ist."*

Hiermit wird klargestellt, dass die Menschenwürde verfassungsrechtlich zu beachten ist. Die Definition der Menschenwürde nach der Objektformel von *Dürig* wurde vom schweizerischen Bundesgericht übernommen. Die Forderungen, die sich direkt oder indirekt aus der Menschenwürde ableiten lassen, sind auch in der Schweiz recht umstritten.[411] Nach *Saladin* findet ein Eingriff in und somit eine Verletzung des Grundrechts statt, wenn Handlungen gesetzt werden, die den Menschen als Menschen essentiell verkennen oder missachten.[412] Auch *Kägi* leitet aus Art 7 ab, dass das Grundrecht es verbiete, den Menschen irgendwie zum bloßen Mittel zu degradieren.[413] Wichtigste Folgerung aus Art 7 ist, dass nach einhelliger Meinung in der Menschenwürde das absolute Recht auf Leben zu sehen ist. Ein Recht auf den Freitod lässt sich hingegen nicht direkt ableiten.

Dennoch richtet sich die Menschenwürde nicht nur auf die Abwehr staatlicher Eingriffe, sondern verlangt auch eine aktive Leistung

---

410 Bundesverfassung der Schweizerischen Eidgenossenschaft vom 18. April 1999, SR 101.

411 Vgl *Baumgarten*, The Right To Die? Rechtliche Probleme um Sterben und Tod (2000) 60.

412 Vgl *Saladin*, Grundrechte im Wandel (1982) 418.

413 Vgl *Kägi*, Persönliche Freiheit, Demokratie und Föderalismus (1948) 57.

des Staates, denn „die Menschenwürde garantiert als Verfassungsprinzip das was jede Person um ihres Menschenscheins willen vom Gemeinwesen fordern darf“[414]

B. Das Recht auf persönliche Freiheit

Nach Art 10 Abs 2 Bundesverfassungsgesetz hat jeder Mensch

> *„das Recht auf persönliche Freiheit, insbesondere auf körperliche und geistige Unversehrtheit und auf Bewegungsfreiheit.“*

Nach einer Entscheidung des Bundesgerichtshofs schütze die persönliche Freiheit als verfassungsrechtlicher Leitgrundsatz alle Freiheiten, welche elementare Erscheinungen der Persönlichkeitsentfaltung des Menschen darstellen. Sie bietet auf diese Weise einen umfassenden Grundrechtsschutz, der sich auf den Inhalt und Umfang der übrigen verfassungsmäßig gewährleisteten Freiheitsrechte entscheidend auswirkt; sie gilt als notwendige Voraussetzung für deren Ausübung und wirkt überdies als unmittelbar anwendbares Verfassungsrecht in dem Sinne komplementär, als sich der Bürger in Fällen, in denen kein dem geschriebenen oder ungeschriebenen Verfassungsrecht angehörendes Freiheitsrecht in Frage steht, zum Schutz seiner Persönlichkeit und Menschenwürde auf sie berufen kann.[415] Wichtig zu erwähnen ist jedoch, dass der Bundesgerichtshof das Recht auf persönliche Freiheit dahingehend interpretativ eingeschränkt hat, dass er sagte, das Grundrecht auf persönliche Freiheit bzw das Grundrecht auf Menschenwürde schütze nicht die individuellen Gefühle des Einzelnen, sondern muss sich auf einen Kernbereich beschränken.[416]

Diese interpretative Beschränkung führt dazu, dass grundsätzlich kein Recht auf den eigenen Freitod aus Art 10 Bundesverfassungsgesetz ableitbar ist, da nicht das individuelle Selbstwertgefühl und die individuellen Wünsche des Einzelnen verfassungsrechtlich ge-

---

414 *Müller*, Die Grundrechte der schweizerischen Bundesverfassung (1991) 3.

415 Schweizer Bundesgerichtshof, BGE 97 I 45.

416 Vgl *Baumgarten*, The Right To Die? Rechtliche Probleme um Sterben und Tod (2000) 71.

schützt sind, sondern vielmehr nur ein Mindestmaß an persönlicher Freiheit, welches darin besteht, dass es sich zum einen nur auf jene Bereiche erstreckt, welche nicht durch andere verfassungsmäßige Rechte geschützt sind, zum anderen, dass nur der Eigenwert des Individuums geschützt sein soll.

C. Fazit

Festgehalten werden kann, dass sich aus dem schweizerischen Bundesverfassungsrecht und aus der schweizerischen Judikatur, va des Bundesverfassungsgerichtshofes kein dezidiertes Recht auf den eigenen Freitod ableiten lässt.

V. Die Europäische Menschenrechtskonvention

A. Entwicklung der EMRK und deren Geltung

Am 4. November 1950 wurde in Rom die europäische Konvention zum Schutz der Menschenrechte unterzeichnet, welche vom Europarat ausgearbeitet wurde und 1953 in Kraft trat. Im Laufe der letzten 50 Jahre wurde die Europäische Menschenrechtskonvention (EMRK) durch weitere Zusatzprotokolle ergänzt.[417] Österreich ratifizierte die EMRK 1958 und sie steht seitdem in Verfassungsrang.[418] Dies bedeutet, dass die EMRK gleichrangig neben österreichischem Verfassungsrecht anwendbar ist. Oberstes Rechtsprechungsorgan im Rahmen der EMRK ist der Europäische Gerichtshof für Menschenrechte in Straßburg.

Im Folgenden werden die maßgebenden Artikel der EMRK betreffend das Recht auf Leben bzw die Pflicht zum Leben dargestellt, wobei insbesondere auf die Entscheidung des Europäischen Gerichtshofes für Menschenrechte im Falle ‚Pretty' und ihre Auswirkungen einzugehen sein wird.

---

[417] Beispielsweise das 2. Zusatzprotokoll 1962, das 8. Zusatzprotokoll 1985, das 9. Zusatzprotokoll 1990 sowie das 14. Zusatzprotokoll 2004.

[418] Europäische Menschenrechtskonvention, BGBl 210/1958 zuletzt geändert durch BGBl III 30/1998.

B. Art 2 EMRK

Nach Art 2 EMRK ist

> *„das Recht jedes Menschen auf das Leben gesetzlich geschützt. Abgesehen von der Vollstreckung eines Todesurteils, das von einem Gericht im Falle eines durch Gesetz mit der Todesstrafe bedrohten Verbrechens ausgesprochen worden ist, darf eine absichtliche Tötung nicht vorgenommen werden."*

Ob aus Art 2 EMRK ein Recht auf den eigenen Freitod folgt, ist fraglich. Grundsätzlich kann gesagt werden, dass zwar jeder über das geschützte Rechtsgut des Lebens in bestimmten Grenzen frei verfügen kann, dennoch sind gewisse Handlungen, die mit Wissen und Wollen des Rechtsträgers gesetzt werden, oder die er selber freiwillig setzt, vom Schutzbereich des Art 2 nicht erfasst. Vielmehr richtet sich Art 2 an die Gesetzgebung, das menschliche Leben zu schützen, indem der Staat nicht einfach in dieses Grundrecht nach Belieben eingreifen darf. Somit wird eine ‚negative Seite' des Art 2 abgelehnt, dies auch mit dem Argument, dass „die Schrankenvorbehalte dieser Bestimmung auf einen Schutz auch des Rechtes auf den eigenen Tod nicht passen. [...] Somit folgt aus Art 2 kein Recht auf Beendigung des eigenen Lebens oder gar auf Hilfe Dritter bei der Umsetzung eines Sterbewunsches."[419]

Dennoch wird damit nicht gesagt, dass das Rechtsgut Leben indisponibel wäre. Das Selbstbestimmungsrecht umfasst vielmehr auch das Recht, über die eigene Gesundheit und das eigene Leben zu disponieren. Der Einzelne hat nicht nur das Recht, Heilbehandlungen abzulehnen, auch wenn dies den Tod zur Folge hat, sondern auch das Recht, sich selbst das Leben zu nehmen. Eingriffe in dieses Selbstbestimmungsrecht müssen anhand der Schrankenkriterien des Art 8 Abs 2 EMRK auf ihre Rechtfertigung geprüft werden.[420]

---

[419] *Kneihs*, Grundrechte und Sterbehilfe, Dissertation Wien (1998) 415.

[420] Vgl *Kneihs*, Grundrechte und Sterbehilfe, Dissertation Wien (1998) 416.

Betreffend die Legalität der passiven Sterbehilfe in Bezug auf Art 2 EMRK ist zwischen freiwilliger und fremdbestimmter Sterbehilfe zu unterscheiden. Unter freiwilliger Sterbehilfe versteht man Maßnahmen der Lebensverkürzung und die Unterlassung weiterer Lebensverlängerung, welche von der Entscheidung des Sterbewilligen ausgehen. Im zweiten Fall handelt es sich um Maßnahmen, welche von einem Dritten getroffen werden, wenn der Sterbewillige selbst nicht mehr in der Lage ist, selbstbestimmt über seinen Tod zu entscheiden. Nach *Kneihs* bezieht sich Art 2 EMRK nur auf zwangsweose Eingriffe und nimmt freiwillige Maßnahmen nicht in seinen Schutzbereich auf, sodass Art 2 keinen Schutz des Menschen vor sich selbst verlangt. Bezüglich fremdbestimmten Maßnahmen lässt sich sagen, dass das Recht auf Leben eben solchen entgegensteht und diese in Art 2 EMRK keine Deckung finden.[421]

Jemand, der auf sein Leben verzichtet, verzichtet nämlich nicht auf sein Recht auf Leben, sondern lediglich auf sein biologisches Leben.

C. Art 3 EMRK

Art. 3 EMRK statuiert ein verbot der unmenschlichen Behandlung und Strafe.

> *„Niemand darf der Folter oder unmenschlicher oder erniedrigender Strafe oder Behandlung unterworfen werden."*

Der Begriff Behandlung deckt alle Formen hoheitlichen Handelns und Unterlassens ab. Nach der ständigen Rechtsprechung des Europäischen Gerichtshofes für Menschenrechte ist eine Behandlung dann für einen Menschen erniedrigend, wenn sie im Opfer Gefühle der Angst, der Ohnmacht oder Minderwertigkeit erzeugt, welche herabwürdigen oder demütigen. Eine Behandlung ist weiters unmenschlich, wenn sie absichtlich heftigen körperlichen oder seelischen Schmerz bewirkt.[422]

---

421 Vgl *Kneihs*, Das Recht auf Leben in Österreich, JBl 1999, 76 (11).

422 Vgl das Urteil des Europäischen Gerichtshofes für Menschenrechte ‚Abdulaziz u.a. c. Großbritannien', Nr 94, §§ 90 f.

Zur Beantwortung der Frage, ob die staatliche Verweigerung der Sterbehilfe einen Eingriff in Art 3 EMRK darstellt, ist auf die Entscheidung des Europäischen Gerichtshofes im Falle ‚Pretty' zu verweisen. Nach dem Gerichtshof stellt die Verweigerung der Sterbehilfe keine erniedrigende oder unmenschliche Behandlung dar. Vielmehr sei Art 3 in Einklang mit Art 2 EMRK ausgelegt werden, „welcher keinen Anspruch eines Individuums gegen den Staat gewährt, seinen Tod zuzulassen oder zu erleichtern."[423]

D. Art 8 EMRK

Art 8 EMRK schützt das Privat- und Familienleben, wonach

> *„jedermann Anspruch auf Achtung seines Privat- und Familienlebens, seiner Wohnung und seines Briefgeheimnisses hat."*

Nach diesem Artikel sind die Vertragsstaaten verpflichtet, das Privatleben der ihrem Rechte unterworfenen Personen zu achten. Daher darf der Staat in das Privatleben der Betroffenen nicht eingreifen, außer es liegen ausreichende Rechtfertigungsgründe nach Abs 2 vor. Ziel und Schutzweck des Art 8 ist zweifelsohne, dass der Mensch sein Leben frei gestalten darf. Dazu gehört ua auch das Verfügungsrecht über das eigene Leben und damit auch die Möglichkeit, seinen eigenen Freitod zu beschließen. Wie bereits erwähnt, steht diesem Grundsatz die Garantie des Lebens gem Art 2 EMRK nicht entgegen, denn dieses verpflichtet den Staat nur, das Leben des einzelnen nicht zu gefährden, es positiv zu garantieren und vor Eingriffen Dritter zu schützen. Hingegen wird der Staat nicht verpflichtet, den Träger des Rechts auf Leben vor sich selbst zu schützen, wenn dieser auf die Ausübung seines Rechts verzichten will. Auch begründet Art 2 EMRK keine Pflicht zum Weiterleben.[424]

Wenn bei freiwilligen lebensverkürzenden Maßnahmen der Sterbewillige nicht mehr selbst in der Lage ist, seinen Todeswunsch zu

---

423 Entscheidung EGMR 29.4.2002, ÖJZ 2003. 17.

424 Vgl *Minelli*, Das Recht auf den eigenen Tod, Schweizerische Juristen-Zeitung 95 Nr 24, 575 (2).

realisieren, dann beurteilt sich die fremde Hilfe dabei als Eingriff in das Grundrecht auf Leben nach Art 2 und dessen Zulässigkeit beurteilt sich nach der Rechtfertigung des Schrankenvorbehaltes gem Art 8 Abs 2, wonach

> *„der Eingriff einer öffentlichen Behörde in die Ausübung dieses Rechts nur statthaft ist, insoweit dieser Eingriff gesetzlich vorgesehen ist und eine Maßnahme darstellt, die in einer demokratischen Gesellschaft für die nationale Sicherheit, die öffentliche Ruhe und Ordnung, das wirtschaftliche Wohl des Landes, die Verteidigung der Ordnung und zur Verhinderung von strafbaren Handlungen, zum Schutz der Gesundheit und der Moral oder zum Schutz der Rechte und Freiheiten anderer notwendig ist."*

Soll nun eine Tötung auf Verlangen stattfinden, so bedarf der Eingriff in das Selbstbestimmungsrecht des Sterbewilligen einer Rechtfertigung. Der Rechtfertigungsgrund der öffentlichen Ruhe und Ordnung kann einen Eingriffsgrund darstellen, wenn es darum geht, einen achtungsvollen Umgang der Gesellschaft mit dem Rechtsgut Leben sicherzustellen. Dennoch ist dieser Eingriffsgrund fraglich, denn die Tötung eines Angehörigen kann nicht als ‚öffentlich' bezeichnet werden. Ein weiterer Eingriffsgrund könnte die Verhinderung strafbarer Handlungen darstellen, da die Ernstlichkeit und Eindringlichkeit des Sterbewilligen nicht mit hundertprozentiger Sicherheit festgestellt werden kann, womit meist ein Tötungsdelikt abseits des § 77 StGB zur Anwendung gelangen könnte. Dennoch sprechen auch einige Argumente gegen diesen Rechtfertigungsgrund. Ua wird damit argumentiert, dass die Eindringlichkeit und Ernstlichkeit eines Sterbewilligen bereits a priori schriftlich festgehalten werden kann.

Der Schutz der Rechte anderer kann hingegen niemals einen Rechtfertigungsgrund darstellen, da keinerlei Gefährdungen für Menschen vorliegen. Auch die Rechtfertigungsgründe des ‚Schutzes der Moral' und des ‚Schutzes der Gesundheit' laufen einer contra-Argumentation entgegen, obwohl anzumerken ist, dass der Freitod mit den moralischen Wertvorstellungen christlich geprägter Kulturen nicht vereinbar ist. Dies bedeutet, dass eine Verfassungswidrigkeit des § 77 StGB nicht gegeben ist, da aufgrund des Schutzes der Moral ein entsprechender Eingriff in das Grundrecht des Art 8 als geboten erscheint.[425]

Bezüglich der Mitwirkung am Freitod sieht die Lage betreffend der Rechtfertigungsgründe ähnlich aus. Weder die Rechtfertigungsgründe der öffentlichen Ruhe und Ordnung, die Rechte anderer, die Verhinderung strafbarer Handlungen, noch der Schutz der Gesundheit geben taugliche Rechtfertigungsgründe für ein Verbot der Mitwirkung bzw Beihilfe am Selbstmord ab. Lediglich das Vorliegen des Rechtfertigungsgrundes des Schutzes der Moral kann hier angeführt werden. Somit liegt auch hier keine Verfassungswidrigkeit des § 78 StGB vor, da ein Eingriff über den Rechtfertigungsgrund des Schutzes der Moral erfolgt (vgl hierzu die Ausführungen weiter oben).[426]

E. Weitere Artikel

Art 9 EMRK schützt die Gedanken-, Gewissens- und Religionsfreiheit. Dieser Artikel schützt zunächst den Anspruch des Individuums auf Freiheit seiner religiösen Gedanken, seines Gewissens und seiner religiösen Anschauung. Weiters garantiert Art 9 auch das Recht, diese Gedanken an die Öffentlichkeit zu bringen, sich dazu zu bekennen und danach entsprechend zu leben.[427]

Nach Art 14 EMRK stehen die Grundrechte der Menschenrechtskonvention jedem Menschen ohne Diskriminierungen zu. Art 14 verbietet nämlich jegliche Benachteiligung, die insbesondere im Geschlecht, in der Rasse, Hautfarbe, Sprache, Religion, in den politischen oder sonstigen Anschauungen, in nationaler oder sozialer Herkunft, in der Zugehörigkeit zu einer nationalen Minderheiten, im Vermögen, in der Geburt oder im sonstigen Status begründet ist. Dies bedeutet, dass die Bestimmungen der EMRK auf jeden

---

[425] Vgl *Kneihs*, Grundrechte und Sterbehilfe, Dissertation Wien (1998) 423.

[426] Vgl *Kneihs*, Grundrechte und Sterbehilfe, Dissertation Wien (1998) 427.

[427] Vgl *Villiger*, Handbuch der Europäischen Menschenrechtskonvention unter besonderer Berücksichtigung der schweizerischen Rechtslage (1993) 340.

Menschen, gleichgültig welcher Staatsangehöriger er ist, anzuwenden sind.

F. Die Entscheidung des Europäischen Gerichtshofs für Menschenrechte im Fall ‚Pretty'

Die 43jährige Britin Anne Pretty litt an einer progressiven neurodegenerativen Krankheit motorischer Zellen des Zentralnervensystems (MND). Diese Krankheit führt gewöhnlich zu schwerer Muskelschwäche der Arme und Beine und der Atemmuskulatur, schließlich auch zum Tod. Die Krankheit wurde bei Pretty 1999 diagnostiziert und ihr Zustand verschlechterte sich rasch und stetig. Letztendlich war Pretty vom Hals abwärts gelähmt und musste durch einen Tubus beamtet werden. Dennoch waren ihr Geisteszustand und ihre Entscheidungsfähigkeit unbeeinträchtigt gut. Da die Krankheit im Endstadium sehr schmerzhaft und entwürdigend ist, entschloss sich Pretty, freiwillig vor dem endgültigen Verfall aus dem Leben zu scheiden. Dies war jedoch ohne fremde Hilfe nicht mehr möglich. Die Mitwirkung am Freitod ist in Großbritannien strafbar und deshalb ersuchte sie die britischen Behörden, ihrem Ehemann für den Fall, dass er ihr bei ihrem Freitod Hilfe leistet, Straffreiheit zu garantieren. Dies wurde vom Director of Public Prosecutions, als auch vom Divisional Court abgelehnt. Somit lag eine letztinstanzliche Entscheidung vor und Pretty wandte sich mit Beschwerde vom 21.12.2001 an den Europäischen Gerichtshof für Menschenrechte in Straßburg. Sie behauptete, dass die Weigerung des Director of Public Prosecutions, ihrem Ehemann Immunität zuzusichern, und das im britischen Recht bestehende Verbot der Sterbehilfe ihre Rechte gem Art 2, 3, 8, 9 und 14 EMRK verletzen.[428]

Sie brachte im Hinblick auf Art 2 EMRK vor, dass nicht das Leben selbst, sondern nur das Recht auf Leben geschützt sei. Dagegen brachte die britische Regierung vor, dass das Recht zu sterben keine natürliche Folge des Rechts auf das Leben sei, sondern nur dessen Antithese. Der Gerichtshof befand, dass aus Art 2 EMRK nicht abgeleitet werden könne, dass es ein Recht zu sterben gibt, „weder

---

428 Vgl Entscheidung EGMR 29.4.2002, ÖJZ 2003, 17 (1).

durch die Hand eines Dritten, noch mit Hilfe einer staatlichen Behörde."[429] Dem entgegnete Pretty, dass die Unterlassung, ein Recht zu sterben nach der Konvention anzuerkennen, diejenigen Staaten, welche die Sterbehilfe zulassen, in den Zustand der Konventionsverletzung rücken würde.

Dieses Argument ging jedoch für den Gerichtshof ins Leere, da dieser unabhängig davon aussprach, dass Art 2 EMRK kein Recht auf den eigenen Freitod umfasse. Vielmehr war der Gerichtshof davon überzeugt, dass das Recht auf Leben nicht im Sinne eines negativen Aspekts interpretiert werden könne.[430] Dies begründete er ua damit, dass jeder Vertragsstaat die Pflicht habe, das Leben derer zu schützen, die seiner Jurisdiktion unterliegen. Nach dem Gerichtshof gehe diese Verpflichtung über eine primäre Pflicht hinaus, das Recht auf Leben dadurch zu sichern, dass wirksame strafrechtliche Bestimmungen geschaffen werden, um vor der Begehung strafbarer, gegen die Person gerichteter Handlungen abzuschrecken. Dadurch wird Art 2 EMRK nicht verletzt.[431]

In Bezug auf Art 8 EMRK brachte Pretty vor, dass Art 8 derjenige Artikel sei, in welchem das Recht auf Selbstbestimmung am ausdrücklichsten anerkannt und garantiert sei. Demnach habe sie ein Recht, selbst darüber zu entscheiden, wann und wie sie ihr eigenes Leben zu beenden gedenkt. Der Gerichtshof führte dazu aus, dass das Recht des Privatlebens ein weiter Begriff sei. Es umfasse die körperliche und seelische Integrität einer Person und Elemente, wie zB die geschlechtliche Identität, den Namen und die sexuelle Orientierung. All dies sei vom Anwendungsbereich des Art 8 EMRK erfasst. Desweiteren schütze Art 8 auch das Recht auf persönliche Entwicklung und das Recht, Beziehungen zu anderen Menschen und zur Außenwelt einzurichten und zu entwickeln. Dazu hat die britische Regierung argumentiert, dass das Recht auf Privatleben nicht ein Recht beinhalten könne, welches erlaube, mit fremder Hilfe zu sterben, denn dies sei eine Negierung des Schutzes, den die

[429] Entscheidung EGMR 29.4.2002, ÖJZ 2003, 17 (3).

[430] Vgl Entscheidung EGMR 29.4.2002, ÖJZ 2003, 17 (3).

[431] Vgl Entscheidung EGMR 29.4.2002, ÖJZ 2003, 17 (3).

Konvention bestrebt sei, zu bieten. Nach Ansicht des Gerichtshofs sei der Wesenskern der Konvention die Achtung vor der Würde und der Freiheit der Menschen. Dennoch könne der Gerichtshof nicht ausschließen, dass in diesem besonderen Fall eine Verletzung des Grundrechts auf Privatleben vorläge. Genau führte der Gerichtshof folgendes aus

> *„Obwohl bisher noch in keinem Fall ein Recht auf Selbsttötung als Bestandteil des Art 8 EMRK festgestellt worden ist, ist der Gerichtshof der Auffassung, dass die Anerkennung persönlicher Autonomie ein wichtiges Prinzip ist, das der Interpretation seiner Garantien zugrunde gelegt werden muss [...] Grundlage und durchgehendes Motiv der Konvention ist der Respekt vor der Würde des Menschen und vor seiner Freiheit. Ohne in irgendeiner Weise die Unantastbarkeit des Lebens in Frage zu stellen, ist der Gerichtshof der Meinung, dass die Frage der Lebensqualität unter dem Gesichtspunkt des Art 8 relevant ist. In einem Zeitalter der wachsenden medizinischen Raffinesse, verbunden mit langer Lebenserwartung, machen sich viele Menschen Sorgen, dass sie gezwungen werden könnten, in hohem Alter oder in einem Zustand fortgeschrittenen körperlichen oder geistigen Verfalls weiterzuleben, der ihren Grundüberzeugungen und Vorstellungen von eigener persönlicher Identität widerspricht."*

Ob nun eine Rechtfertigung für diesen Eingriff in Art 8 EMRK vorlag, beurteilte der Gerichtshof anhand des Art 8 Abs 2 EMRK. Demnach stellte er fest, dass der Eingriff in diesem Fall als in einer demokratischen Gesellschaft notwendig zum Schutz der Rechte Anderer gerechtfertigt werden kann, und dass demgemäß keine Verletzung des Art 8 EMRK stattgefunden hat. Dies begründete der Gerichtshof damit, dass es den Vertragsstaaten obliege, zu beurteilen, ob ein Risiko und die Wahrscheinlichkeit des Auftretens von Missbrauch für den Fall der Legalisierung der Beihilfe zum Suizid zum tragen käme. Der Gerichtshof stellte in Übereinstimmung mit dem House of Lords fest, dass die Staaten berechtigt seien, durch die Anwendung des allgemeinen Strafrechts Tätigkeiten zu regeln, welche für das Leben und die Sicherheit anderer Individuen schädlich sind. Somit läge zwar für den Gerichtshof in eventu ein Eingriff in das Grundrecht nach Art 8 EMRK vor. Dieser Eingriff sei jedoch nach Art 8 Abs 2 gerechtfertigt.[432]

Zur von Pretty behaupteten Verletzung des Grundrechts nach Art 9 EMRK führte der Gerichtshof an, dass kein Eingriff in dieses Grundrecht vorliege. Dies begründete er damit, dass die Beschwerdeführerin keinen Hinweis auf die Ausübung eines Glaubens iSv Art 9 anführe.

G. Die Auswirkungen der Entscheidung im Fall ‚Pretty' – Die Entscheidung des schweizerischen Bundesgerichtshofes

Mit der Entscheidung des Bundesgerichtshofes vom 3. November 2006[433] erkannte der schweizerische Bundesgerichtshof, dass

> *„zum Selbstbestimmungsrecht im Sinne vom Art 8 Ziff. 1 EMRK auch das Recht gehört, über Art und Zeitpunkt der Beendigung des eigenen Lebens zu entscheiden."*

Dies folgte aus einer Beschwerde eines an einer schweren bipolaren affektiven Störung Erkrankten. Dieser trat im Juli 2004 dem Verein Dignitas bei und plante, sein Leben mithilfe dieses Vereins zu beenden. Dennoch wurde ihm der Erhalt der notwendigen 15 Gramm Natrium-Penotobarbital verweigert, woraufhin er in mehreren behördlichen Instanzen vorbrachte, dass er als handlungsfähiger Mensch einen Anspruch darauf habe, sein eigenes Leben risiko- und schmerzfrei sowie ohne Gefahren für Dritte beenden zu können. Daraufhin führte der Bundesgerichtshof am 27. Oktober 2006 eine parteiöffentliche Verhandlung durch und erkannte, dass der Staat grundsätzlich das Recht hat, Leben zu schützen. Dies ergäbe sich aus Art 10 Abs 1 der schweizerischen Bundesverfassung sowie aus Art 2 EMRK. Dennoch gehe diese Pflicht regelmäßig nicht so weit, dass er dies auch gegen den ausdrücklichen Willen des urteilsfähigen Betroffenen selber tun müsse. Andererseits könne hieraus jedoch nicht geschlossen werden, dass der Staat im Rahmen von Art 8 Ziff 1 EMRK dafür sorgen müsse, dass ein Sterbewilliger

---

432 Vgl Entscheidung EGMR 29.4.2002, ÖJZ 2003, 17 (8).

433 Schweizer Bundesgerichtshof 03.11.2006, BGE 133 I 58.

Zugang zu einem bestimmten für den Suizid gewählten gefährlichen Stoff oder zu einem entsprechenden Instrument erhalte. Dies alles lasse sich auch aus der Judikatur des Europäischen Gerichtshofs für Menschenrechte ableiten (vgl Fall ,Pretty'). Dennoch hielt der Gerichtshof fest, dass dies alles nur das Verhältnis Staat und Bürger betreffe, nicht jedoch die eigenmächtige Entscheidung des Bürgers selbst, seinem Leben ein Ende zu bereiten.

Dies heißt zusammengefasst, dass zum einen der schweizerische Bundesgerichtshof eine Verpflichtung des Staates zur Beihilfe zum Suizid dezidiert ablehnt. Ein solcher Anspruch ergäbe sich weder aus dem Bundesverfassungsrecht, noch aus der EMRK.

> *„Ein solcher Anspruch des Sterbewilligen, dass ihm Beihilfe bei der Selbsttötung oder aktive Sterbehilfe geleistet wird, wenn er sich außerstande sieht, seinem Leben selber ein Ende zu bereiten, besteht nicht."*

Zum anderen erklärte der Bundesgerichtshof jedoch, dass Art 8 Abs 1 den Mitgliedstaaten vorschreibe, das Recht eines jeden Menschen auf Privat- und Familienleben respektieren zu müssen, dh das Selbstbestimmungsrecht eines jeden Einzelnen. Dieses Recht sprach der Bundesgerichtshof auch demjenigen zu, welcher an psychischen Störungen leidet, sofern er in der Lage sei, selbst einen eigenen Willen zu bilden und danach zu handeln.

Nach der Entscheidung des Bundesgerichtshofes heißt es wörtlich

> *„Zum Selbstbestimmungsrecht im Sinne von Art 8 EMRK gehört auch das Recht, über Art und Zeitpunkt der Beendigung des eigenen Lebens zu entscheiden; dies zumindest, soweit der Betroffene in der Lage ist, seinen entsprechenden Willen frei zu bilden und danach zu handeln."*[434]

Für solche Fälle[435] sollen schweizerische Ärzte[436] berechtigt sein, das stark und rasch wirkende Medikament Barbiturat Natrium-

434 Schweizer Bundesgerichtshof 03.11.2006, BGE 133 I 58.

435 Der Bundesgerichtshof subsumiert hierunter eine „unheilbare, dauerhafte, schwere psychische Beeinträchtigung ähnlich wie eine somatische [Beein-

Penotobarbital per Rezept zu verschreiben, wonach jedem Einzelnen somit quasi ein Grundrecht zukommt - unter der Prämisse der Einsichts- und Urteilsfähigkeit -, dass er sein Leben freiwillig beenden kann. Dies jedoch ohne direkte Unterstützung des Staates selbst.[437]

Aufgrund dieser Entscheidung und des dadurch immer stärker aufkommenden Sterbetourismus[438] sah sich der schweizerische Bundesrat dazu gezwungen, Überlegungen betreffend spezifische gesetzliche Regelungen für die organisierte Sterbehilfe anzustellen. Erst kürzlich wurde hierzu das Eidgenössische Justiz- und Polizeidepartement (EJPD) beauftragt, Entwürfe für ein Aufsichtsgesetz zu erarbeiten. Vorrangiges Ziel ist es, die durch die konsequente Anwendung des geltenden Rechts entstandenen Missbräuche der organisierten Sterbehilfe zu verhindern. Vor allem das fallweise Ausweichen auf die sog Helium-Methode[439] durch die Sterbehilfeorganisationen stellt ein großes Problem dar, welches es zu lösen gilt.

Die Helium-Methode wird ua von Dignitas zur Sterbehilfe angewandt, da es sich hierbei nicht um ein rezeptpflichtiges Medikament, wie das NatriumPentobarbital (NAP) handelt, und somit eine Umgehung von ärztlichen Kontrollmaßnahmen möglich gemacht wird.

In Erwägung gezogen werden gesetzliche Vorschriften betreffend Sorgfalts- und Beratungspflichten von Sterbehilfeorganisationen, etwaige Dokumentationspflichten sowie eine Qualitätssicherung bei der Auswahl und Ausbildung von Sterbebegleitern. Weiters

---

trächtigung] ein Leiden begründen kann, das dem Patienten sein Leben auf Dauer hin nicht mehr als lebenswert erscheinen lässt."

436 Hier ist jedoch zu erwähnen, dass der Bundesgerichtshof dezidiert medizinische und insbesondere psychiatrische Spezialkenntnisse bei den betreffenden Ärzten voraussetzt. Vgl BGE 133 I 58 vom 3.11.2006.

437 Schweizer Bundesgerichtshof 03.11.2006, BGE 133 I 58.

438 Vgl vierter Teil der Schrift.

439 Hierbei handelt es sich um eine Art der Selbsttötung durch Einatmen von tödlichem Gas.

sind eine Pflicht zur finanziellen Transparenz sowie die Festlegung ethischer Schranken für Sterbehilfeorganisationen vorgesehen.

Ob sich durch diese Überlegungen und Bestrebungen jedoch ein umfangreiches schweizerisches Aufsichtsgesetz für die Sterbehilfe ergeben wird, scheint jedoch fraglich zu sein.[440]

---

440 Medienmitteilung des Schweizerischen Bundesrates vom 02.07.2008.

Sechster Teil
Internationaler Ausblick

I. Überblick

In diesem sechsten Teil soll ein kursorischer Überblick über die verschiedenen Standpunkte bezüglich Sterbehilfe in anderen europäischen und nicht-europäischen Staaten gegeben werden.

Vor allem bedingt durch die neue niederländische Gesetzgebung betreffend aktive Sterbehilfe, haben sich die internationalen Diskussionen rund um die Beteiligung am Freitod bzw die aktive Sterbehilfe verschärft. Im Mittelpunkt der grundsätzlichen Bestimmungen steht meist das Selbstbestimmungsrecht des Menschen. Hierbei lassen sich zwei unterschiedliche Standpunkte herausfiltern. Zum einen gibt es jene Länder, in welchen eine extrem individualistische Betonung des Selbstbestimmungsrechtes des Menschen stattfindet, etwa in Australien, Dänemark oder den Niederlanden. In Australien galt von 1995 bis 1997 im Northern Territory ein Gesetz, welches die aktive Sterbehilfe dezidiert erlaubte. Dennoch zeigt der internationale Vergleich, dass die Legalität der aktiven Sterbehilfe der Ausnahmefall ist.

Andererseits gibt es Staaten, in denen die Festlegung des Wohles der Menschen objektiv rechtlich erfolgt. Hierbei wird von der Rechtsordnung festgeschrieben, wie das Wohl der Menschen zu definieren ist und inwieweit der Mensch selbst über sein Leben bestimmen kann. Höchstes Rechtsgut, auf welches in keinem Falle verzichtet werden kann, ist das menschliche Leben. Beispielsweise ist in der Türkei vorgeschrieben, dass ein Patient trotz gegenteiligen Willen eine lebenserhaltende Behandlung an sich vornehmen lassen muss. Hier ist der Arzt verpflichtet auch ohne oder gegen den Willen des Kranken eine Behandlung durchzuführen. Ähnliches sieht das israelische Recht vor.[441]

---

441 Vgl *Taupitz*, Sterbebegleitung im internationalen Vergleich, JBl 2001, 557 (2).

II. Europa

A. Niederlande

1. Die Debatte zur Sterbehilfe

Der Staat Niederlande weist eine - im Vergleich zu den Vereinigten Staaten von Amerika oder Australien - recht kurze geschichtliche Entwicklung über die Sterbehilfe-Debatte auf. In der Zeit der deutschen Besetzung und der damaligen Euthanasie-Programme weigerten sich die niederländischen Ärzte konsequent, an diesen Programmen teilzunehmen. Dennoch startete die eigentliche Diskussion über die Sterbehilfe erst Anfang der Siebzigerjahre. Ausschlaggebend dafür war der Fall einer niederländischen Ärztin, welche ihrer schwerkranken Mutter durch die Injektion einer Einmaldosis von 200 mg Morphin das Sterben erleichtert hat. Diese Ärztin wurde angeklagt und auch wegen Tötung verurteilt. Dennoch gab es erhebliche Kritik an dieser gerichtlichen Entscheidung, sowohl von Ärztegemeinschaften, als auch von Kirchen. Vor allem ein Gesundheitsbeamter brachte bei Gericht vor, dass die Tötung auf Verlangen unter Vorliegen besonderer Umstände die Strafbarkeit ausschließen sollte. Wenn eine unheilbare Krankheit und ein unerträgliches Leiden sowie der Wille der Patientin, sein Leben zu beenden, vorliegen, dann solle ein strafloses Eingreifen des Arztes ermöglicht werden. Daraufhin folgte eine intensive Zusammenarbeit der Ärzteschaft und des Justizministeriums zur Entwicklung eines Entwurfes bezüglich der Legalisierung der Sterbehilfe, welches sich va auf das sog ‚Meldeverfahren' konzentrierte, und im Gesetz von 1993[442] bzw im Gesetz über die Legalisierung der Sterbehilfe 2002[443] ihren Höhepunkt fand. Auch wurden viele freiwillige Vereine gegründet, welche sich mit diesem Problem auseinandersetzten[444]

---

442 Gesetz über die Änderung des Bestattungsgesetzes, Gesetzblatt 1993, 643.

443 Gesetz über die Kontrolle der Lebensbeendigung auf Verlangen und der Hilfe bei der Selbsttötung, Gesetzesblatt 2002, 137.

444 Vgl *Kimsma/Leeuwen*, Euthanasie in den Niederlanden: Historische Entwicklung, Argumente und heutige Lage, in *Frewer (Hg)*, Euthanasie und

2. Aktuelle Regelung

Nach Art 293 und 294 nlStGB[445] sind die Tötung auf Verlangen sowie die Beihilfe zum Freitod strafbar.

Art 293 nlStGB lautet: übersetzt:

> *„Wer vorsätzlich einem anderen auf dessen ausdrückliches und ernstliches Verlangen hin das Leben nimmt, wird mit Gefängnisstrafe bis zu zwölf Jahren oder Geldstrafe der fünften Kategorie (100.000 Gulden) bestraft."*

Art 294 nlStGB lautet:

> *„Wer vorsätzlich einen anderen zum Selbstmord antreibt, ihm dabei behilflich ist oder ihm Mittel dazu verschafft, wird mit Gefängnisstrafe bis zu drei Jahren oder Geldbusse der vierten Kategorie (25.000) Gulden bestraft, wenn der Selbstmord erfolgt."*

Dies bedeutete ein absolutes Tötungsverbot, welches auch nicht durch die Sterbehilfe durchbrochen werden konnte. Dennoch kamen in diesem Zusammenhang die niederländischen Strafausschließungsgründe zum Tragen, wie ua Art 40 nlStGB - der rechtfertigende Notstand und die entschuldigende psychische Übermacht.[446] Nach Art 40 nlStGB macht sich nicht strafbar, wer durch einen übermächtigen Einfluss zur Tat gedrängt wird. Dieser rechtfertigende Notstand bzw die entschuldigende psychische Übermacht ist vergleichbar mit dem österreichischen rechtfertigenden Notstand bzw dem entschuldigenden Notstand nach § 10 StGB.

Passive Sterbehilfe ist in den Niederlanden akzeptiert. Dies geht soweit, dass der Begriff der passiven Sterbehilfe nicht mehr verwendet wird. Vielmehr entspricht die passive - als auch die indi-

---

die aktuelle Sterbehilfe-Debatte - Die historischen Hintergründe medizinischer Ethik (2000) 276.

445 Niederländisches Strafgesetzbuch von 1881 idF 1994, Gesetzesblatt 1994, 36.

446 Vgl *Baumgarten*, The Right to Die? Rechtliche Probleme um Sterben und Tod (2000) 239.

rekte aktive Sterbehilfe – einem medizinischen Vorgehen, welches den natürlichen Tod herbeiführt und zu keinerlei Strafbarkeit führt.

Am 1. April 2002 trat nach jahrelanger Diskussion das Gesetz ‚zur Beendigung des Lebens auf Wunsch und Selbsttötung durch Beihilfe' in den Niederlanden in Kraft. Voraussetzung für die Anwendung dieses Gesetzes ist, dass der Patient schwer erkrankt ist und es sich um ein aussichtsloses und unerträgliches Leiden handelt. In diesem Fall ist der behandelnde Arzt weder verpflichtet, über noch verbleibende therapeutische Alternativen zu informieren, noch eine palliative (schmerzlindernde) Versorgung vorzuschlagen.[447] Das Mindestalter beträgt nach § 3 des 2. Abschnittes dieses Gesetzes 16 Jahre. In diesem Fall muss der Patient soviel an Reife erlangt haben, dass er ein grundsätzliches Verständnis für die Situation vorweisen kann. Auch ist die Tötung auf Verlangen und die Sterbehilfe bei Patienten zwischen 12 und 16 Jahren möglich. In diesem Fall bedarf es jedoch der Einwilligung der Eltern bzw des Vormundes. Eine weitere Voraussetzung ist jene der grundsätzlichen Einwilligung bzw des grundsätzlichen Verlangens. Die Willensäußerung des Patienten muss freiwillig und gut überlegt sein.

Die sog Patientenverfügung ist in den Niederlanden im Meldegesetz von 1993[448] geregelt. Dieses enthält ein Musterformular, mit dem der örtliche Leichenbeschauer dem Staatsanwalt die Fälle von Sterbehilfe, Beihilfe zum Freitod oder indirekte aktive Sterbehilfe ohne ausdrückliches Verlangen zu melden hat. Die Verfügung ist gültig, sofern der Patient terminal erkrankt ist, voll und ganz über seine Situation aufgeklärt wurde und die Willensäußerung im Bewusstsein seiner Krankheit abgibt.

B. Belgien

Seit 2002 ist es in Belgien möglich, dass Ärzte ohne die Gefahr einer strafrechtlichen Verfolgung fürchten zu müssen, eine Tötung auf

---

447 Vgl *Antonilo*, Sterbehilfe und Sterbebegleitung in Europa: Zwischen Euthanasie, Hospizdienst und Leben um jeden Preis, Ärzteblatt Sachsen 2005, 2.

448 Gesetz über die Änderung des Bestattungsgesetzes, Gesetzblatt 1993, 643.

Verlangen an einem Patienten durchzuführen. Nach dem belgischen Gesetz[449] ist ein Mindestalter des Patienten von 18 Jahren erforderlich. Besondere Bedeutung kommt in diesem Zusammenhang dem Willen und der Entscheidung des volljährigen Patienten zu. Wichtig ist, dass zum einen eine konkrete, ernstliche und wiederholte Willensäußerung des Patienten vorliegt, oder zum anderen eine gültige Patientenverfügung geäußert wurde. Bezüglich der Sterbehilfe von Patienten im finalen Stadium, wo der Tod unausweichlich scheint, gilt im belgischen Recht der Grundsatz, dass Sterbehilfe nur dann gerechtfertigt ist, wenn eine gute Palliativversorgung vorhanden ist. In Belgien ist die Palliativversorgung sehr gut ausgebaut. Es bestehen viele palliativ unterstützende Teams in Krankenhäusern und Altenheimen. Indirekte Sterbehilfe - in Belgien palliative Sedierung genannt - ist dann möglich, wenn die Wünsche des Patienten konkret ‚herausgefiltert' werden und der Arzt einer Tötung auf ein ernstliches und eindringliches Verlangen des Patienten im ‚Endstadium' zustimmt.[450]

III. USA

In den Vereinigten Staaten von Amerika gelten für straf- und zivilrechtliche Regelungen unterschiedliche Vorschriften, jeweils nach Bundesrecht bzw nach Landesrecht. Eine einheitliche Regelung ist nicht ersichtlich. In den meisten Bundesstaaten ist die Tötung bei ausdrücklichem Verlangen des Sterbewilligen grundsätzlich als Mord strafbar. In manchen Bundesstaaten führt die Einwilligung des Getöteten jedoch meist zu einer geringeren Strafe. Dennoch sind in einigen Bundesstaaten Bestrebungen zu bemerken, welche versuchen, die aktive Tötung auf Verlangen zu legalisieren. Hier ist va eine Volksinitiative im Bundesstaat Washington zur Legalisierung der Beihilfe zum Suizid, nämlich die Initiative ‚A voluntary choice for terminally ill persons: Death with Dignty' 1991 zu erwähnen, welche jedoch nach negativem Ausgang verworfen wur-

---

449 Gesetz zur Sterbehilfe vom 28.05.2002.

450 Vgl *Antonilo*, Sterbehilfe und Sterbebegleitung in Europa: Zwischen Euthanasie, Hospizdienst und Leben um jeden Preis, Ärzteblatt Sachsen 2005, 2.

de. Auch in Kalifornien wurde ein ähnliches Begehren 1992 abgelehnt.

Akzeptiert in den Vereinigten Staaten ist jedoch die indirekte aktive Sterbehilfe. Begründet wird dies einerseits mit der Unterscheidung zwischen beabsichtigten und bloß in „Kauf genommenen schädlichen Folgen (‚intended and unintended but foreseeable consequenzes), andererseits mit dem traditionellen Rollenverständnis des Arztes."[451]

Bezüglich passiver Sterbehilfe kann gesagt werden, dass diese in einzelnen Bundesstaaten gestattet ist. Diverse Gliedstaaten haben sog ‚living will statutes' oder ‚natural death acts' erlassen, welche in gewisser Weise den Patientenverfügungen gleichen. Beispielsweise ist hier der ‚California Natural Death Act' von 1976 zu erwähnen, in welchem ein Verzicht auf lebenserhaltende oder lebensverlängernde Maßnahmen abgegeben werden kann. Dennoch ist der Arzt nicht in allen Bundesstaaten verpflichtet, den Willen des Patienten zu beachten.

Wie bereits erwähnt existieren nicht viele legistische Regelungen betreffend Sterbehilfe und Tötung auf Verlangen. Viele dieser Diskussionen und Grenzfälle bleiben den Gerichten nach dem amerikanischen case-law zur Entscheidung überlassen.[452]

IV. Australien

In Australien ist in einigen Bundesgebieten sowohl die aktive Tötung auf Verlangen, als auch die passive Sterbehilfe rechtlich möglich und erlaubt. So wurde 1995 im Northern Territory of Australia ein Gesetzesentwurf vorgelegt, welcher den Arzt sowohl bei aktiver Sterbehilfe, als auch bei der Beihilfe zum Freitod strafrechtlich nicht zur Verantwortung ziehen sollte. Der Entwurf sah vor, dass „ein Patient, der im Verlauf einer terminalen Krankheit Schmerzen, Leid und/oder Not in einem für ihn unerträglichen Ausmaß erlebe, seinen Arzt legal darum bitten könne, ihm bei der Beendigung sei-

---

451 *Rhein*, California says no to euthanasia, BMJ 1992, 1175.

452 Vgl *Baumgarten*, The Right to Die? Rechtliche Probleme um Sterben und Tod (2000) 214.

nes Lebens zu helfen."[453] Das Mindestalter wurde mit 18 Jahren angegeben. Das Gesetz trat mit Februar 1996 in Kraft, wurde jedoch von mehreren Privatpersonen angefochten. Diese Anfechtung hatte zwar nicht direkt Erfolg, zeitigte jedoch andere Folgen, indem ein weiteres Gesetz eingeführt wurde, welches zum einen das Gesetzgebungsrecht für Sterbehilfe dem Northern Territory entzog, andererseits aber auch ein sog ,Anti-Euthanasie-Gesetz' erließ.

Dennoch ist auch nach dem Erlass des ,Euthanasia Laws Bill' 1997 die Diskussion um die Legalisierung der Sterbehilfe nicht zur Ruhe gekommen.[454]

---

453 *Benzenhöfer*, Der Gute Tod? Euthanasie und Sterbehilfe in Geschichte und Gegenwart (1999) 165.

454 Vgl *Benzenhöfer*, Der Gute Tod? Euthanasie und Sterbehilfe in Geschichte und Gegenwart (1999) 167.

LITERATURVERZEICHNIS

Selbständige Werke

Anzenbacher	Einführung in die Philosophie[9], 2002
Augustin/Heimgartner	Strafrecht Besonderer Teil, 2006
Barth	Das Problem der Vernichtung lebensunwerten Lebens, 1926
Barth	Die Lehre von der Schöpfung, 1951
Baumgarten	The Right to Die? - Rechtliche Probleme um Sterben und Tod - Suizid - Sterbehilfe - Patientenverfügung - „Health Care Proxy" - Hospiz im internationalen Vergleich, 2000
Beckert	Strafrechtliche Probleme um Suizidbeteiligung und Sterbehilfe unter besonderer Berücksichtigung historischer und ethischer Aspekte, 1996
Benzenhöfer	Der Gute Tod? Euthanasie und Sterbehilfe in Geschichte und Gegenwart, 1999
Bernstein	Die Bestrafung des Selbstmords und ihr Ende. Strafrechtliche Abhandlungen, 1907
Bertel/Schwaighofer	Strafrecht Besonderer Teil I[10], 2008
Bethge	Das Recht auf das leibliche Leben, 1961
Binding/Hoche	Die Freigabe der Vernichtung lebensunwerten Lebens, 1920
Birklbauer/Kepplinger	Strafrecht Besonderer Teil[20], 2008
Brody	Suicide and Euthanasia, 1989
Brudermüller/Marx	Suizid und Sterbehilfe, 2003
Carlen	Rechtsgeschichte der Schweiz - Eine Einführung[3], 1988
Czinczoll	Solidaritätspflichten bei der Selbsttötung, 1984
Dellemann	Die Entkriminalisierung des Suizids im 18. Jahrhundert, 2002

Dellingshausen Sterbehilfe und die Grenzen der Lebenserhaltungspflicht des Arztes, 1981

Detering Forum: § 216 StGB und die aktuelle Diskussion um die Sterbehilfe, 1983

Donatsch/Flachsmann u.a. Schweizerisches Strafgesetzbuch - Kommentar[17], 2006

Durkheim Der Selbstmord, 1993

Eid Euthanasie oder soll man auf Verlangen Töten?, 1975

Elster Eugenik und Recht, 1927

Eser Zwischen „Heiligkeit" und „Qualität" des Lebens. Zu Wandlungen im strafrechtlichen Lebensschutz, 1982

Eser Suizid und Euthanasie als human- und sozialwissenschaftliches Problem, 1976

Floßmann Österreichische Privatrechtsgeschichte[6], 2007

Frewer Euthanasie und die aktuelle Sterbehilfe-Debatte - Die historischen Hintergründe medizinischer Ethik, 2000

Fritsche Entziehungen, 2004

Fuchs Strafrecht Allgemeiner Teil[2], 1997

Fuchs, Richard Das Geschäft mit dem Tod - Plädoyer für ein Sterben in Würde, 2001

Geilen Euthanasie und Selbstbestimmung, 1975

Grassi Der utopische Staat, 1960

Große-Vehne Tötung auf Verlangen (§ 216 StGB), "Euthanasie" und Sterbehilfe, 2005

Haberl Das österreichische Strafgesetzbuch, 1995

Haeckl Die Lebenswunder, 1904

Hamann/Lenz Das Grundgesetz für die Bundesrepublik Deutschland vom 23. Mai 1949[3], 1970

Hellbling	Grundlegende Strafrechtsquellen der österreichischen Erbländer vom Beginn der Neuzeit bis zur Theresiana - Ein Beitrag zur Geschichte des Strafrechts in Österreich, 1996
Hitler	Mein Kampf, 1924
Hoke	Österreichische und Deutsche Rechtsgeschichte, 1996
Höpfel/Eckart	Wiener Kommentar zum Strafgesetzbuch², 2005
Jambrovic	Zur Entstehung und zum Inhalt des Josephinischen Gesetzbuches, 2007
Jeschek/Ruß/Willms	Leipziger Kommentar zum Strafgesetzbuch[10], 1989
Jost	Das Recht auf den Tod, 1895
Kägi	Persönliche Freiheit, Demokratie und Föderalismus, 1948
Kalb/Floßmann	Geschichte des öffentlichen Rechts I und II, 2002
Karraß	Die rechtliche Behandlung der Selbstmörder in der Zentvefassung des Hochstifts Würzburg. Eine rechtsgeschichtliche Untersuchung an Hand der Zentordnung und Verordnung des Hochstifts, 1971
Kienapfel/Höpfel	Strafrecht Allgemeiner Teil[11], 2005
Kienapfel/Schroll	Strafrecht Besonderer Teil I[5], 2003
Klenner	Die Tötung auf Verlangen im deutschen und ausländischen Strafrecht sowie de lege ferenda, 1925
Kneihs	Grundrechte und Sterbehilfe, Dissertation Wien, 1998
Knops	Die Verantwortung der Kirche in der Euthanasie-Frage - Eine Untersuchung zu den historischen Wurzeln der Euthanasie-Diskussion in Kirche und Theologie, 2001

Küper Strafrecht Besonderer Teil - Definitionen mit Erläuterungen[3], 1999

Lackner Strafgesetzbuch mit Erläuterungen[21], 1995

Larenz/Wolf Allgemeiner Teil des Bürgerlichen Rechts[8], 1997

Lind Selbstmord in der Frühen Neuzeit: Diskurs, Lebenswelt und kultureller Wandel am Beispiel der Herzogtümer Schleswig und Holstein, 1999

Maunz Deutsches Staatsrecht[17], 1965

Maunz/Düring/Herog Grundgesetz. Kommentar, 1993

Mayer Bundes-Verfassungsrecht[4] Kurzkommentar, 2007

Merkel Tod den Idioten - Eugenik und Euthanasie in juristischer Rezeption vom Kaiserreich zur Hitlerzeit[2], 2007

Minois Geschichte des Selbstmords, 1999

Müller Die Grundrechte der schweizerischen Bundesverfassung, 1991

Niestroj Die rechtliche Bewertung der Selbsttötung und die Strafbarkeit der Suizidbeteiligung, 1983

Nowak Sterilisation, Krankenmord und innere Mission im „Dritten Reich", 1989

Nowakowski Das österreichische Strafrecht in seinen Grundzügen, 1955

Ogris/Olechowski Privatrechtsentwicklung[3], 2003

Otto Recht auf den eigenen Tod? Strafrecht im Spannungsverhältnis zwischen Lebenserhaltungspflicht und Selbstbestimmung, 1986

Pieroth/Schlink Grundrechte, 2004

Rehberg/Schmid/Donatsch Delikte gegen den Einzelnen[8], 2003

Rittau — Militärstrafgesetzbuch in der Fassung der Verordnung vom 10. Oktober 1940 mit Einführungsgesetz und Kriegssonderstrafrechtsverordnung, in Guttentagsche Sammlung Deutscher Reichsgesetze; Kommentare und erläuterte Textausgaben, Nr. 196[3], 1941

Roth — Erfassung zur Vernichtung. Von der Sozialhygiene zum „Gesetz über die Sterbehilfe“, 1984

Rüping/Jerouschek — Grundriss der Strafrechtsgeschichte[5], 2007

Rupp — Das Recht auf den Tod - Eine strafrechtliche Studie, 1913

Saladin — Grundrechte im Wandel, 1982

Saygin — Strafrechtsgeschichte - Eine Quellenexegese von Teilen der Lex Salica, der Constitutio Criminalis Carolina und Beccaria, 2006

Schell — Sterbebegleitung und Sterbehilfe[3], 2002

Schmidhäuser — Selbstmord und Beteiligung am Selbstmord in strafrechtlicher Sicht, 1974

Schmidt-Bleibtreu/Klein — Kommentar zum Grundgesetz für die Bundesrepublik Deutschland[2], 1969

Schmuhl — Rassenhygiene, Nationalsozialismus, Euthanasie. Von der Verhütung zur Vernichtung „lebensunwerten Lebens“, 1992

Schöne/Schröder — Strafgesetzbuch-Kommentar[24], 1991

Schröder — Rechtsgeschichte, 1992

Schumann — Dignitas - Voluntas - Vita, Überlegungen zur Sterbehilfe aus rechtshistorischer, interdisziplinärer und rechtsvergleichender Sicht, 2006

Schwinge — Militärstrafgesetzbuch, Kommentare zum deutschen Reichsrecht Band I, 1936

Seifert/Hömig Grundgesetz für die Bundesrepublik Deutschland[5], 1995

Simson Die Tötung aus Barmherzigkeit in rechtsvergleichender Sicht, 1976

Stratenwerth/Jenny Schweizerisches Strafrecht Besonderer Teil I[6], 2003

Stratenwerth/Kaufmann u.a. Festschrift für Hans Welzel zum 70. Geburtstag, 1974

Suter Die strafrechtlichen Bedenken der Basler Stadtconsulenten (1648–1798). Ein Beitrag zur Basler Strafrechtswirklichkeit, 2006

Vandekerckhove On the Origins of the Punishment of Suicidial Behaviour in Old-European Law – Historical versus Sociological Explanation, 1999

Vandekerckhove Decriminialization of Suicide, 1998

Villiger Handbuch der Europäischen Menschenrechtskonvention unter besonderer Berücksichtigung der schweizerischen Rechtslage, 1993

Wagner Selbstmord und Selbstmordverhinderung, 1975

Walter/Mayer Bundesverfassungsrecht[9], 2000

Wegscheider Strafrecht Besonderer Teil, 2003

Wesenberger/Wesener Neuere Deutsche Rechtsgeschichte, 1985

Wessels Strafrecht Besonderer Teil 1, Straftaten gegen Persönlichkeits- und Gemeinschaftswerte[19], 1995

Beiträge in Zeitschriften

Aigner	Die Patientenverfügung – Zur Entstehungsgeschichte des PatVG, FamZ 2006
Antonilo	Sterbehilfe und Sterbebegleitung in Europa: Zwischen Euthanasie, Hospizdienst und Leben um jeden Preis, Ärzteblatt Sachsen 2005
Bernat	Dem Leben ein Ende setzen: Selbstmord und aktive Teilnahme am Suizid – eine rechtsethische Überlegungsskizze, ÖJZ 2002
Bernat	Behandlungsabbruch und (mutmaßlicher) Patientenwille, RdM 1995
Feichtiger/Griebnitz	Strafrechtliche Probleme des Doppelselbstmordversuches (Darstellung von rechtlichen und forensisch-psychiatrischen Problemen in der Beurteilung eines Doppelselbstmordversuchs, RZ 1991
Frank/Eder/Harrer	Doppelselbstmord: Mitwirkung am Selbstmord? Tötung auf Verlangen? Probleme retrospektiver Rekonstruktion von Motivsstruktur und Handlungsablauf, ÖJZ 1994
Harbich	Das Recht zu sterben – Lebensverlängerung um jeden Preis?, RZ 1968
Höpfel	Einige Fragen der subjektiven Tatseite bei Beteiligung mehrerer, ÖJZ 1982
Kathrein	Das Patientenverfügungs-Gesetz, ÖJZ 2006
Kerschner	Arzthaftung bei Patientenverfügungen, RdM 1998
Kert	Sterbehilfe – Der rechtliche Rahmen für das Ende des Lebens, JAP 2005
Kienapfel	Die Gleichwertigkeit von Tun und Unterlassen, ÖJZ 1976
Kneihs	Das Recht auf Leben in Österreich, JBl 1999
Köhler	Freiheitliches Rechtsprinzip und Betäubungsmittelstrafrecht, ZStW 1992

Lumann	Die Gewissensfreiheit und das Gewissen, AöR 1965
Machacek	Das Recht auf Leben in Österreich, EuGRZ 1983
Machacek	Grundsatzfragen der Schwangerschaftsunterrechung im Hinblick auf die verfassungsgesetzlich gewährleisteten Rechte auf Leben, JBl 1972
Memmer	Patiententestament, RdM 1996
Minelli	Das Recht auf den eigenen Tod, Schweizerische Juristen Zeitung 1999
Moos	Der Einfluss Cesare Beccarias auf das österreichische Strafrecht, JBl 1991
Pallin	Unterlassen, ZStW 1972
Pesendorfer	Zwangssterilisation. Zur Gültigkeit von Beschlüssen der Erbgesundheitsgerichte in der NS-Zeit, iFamZ 2007
Rhein	California says no to euthanasia, BMJ 1992
Sax	Zur rechtlichen Problematik der Sterbehilfe durch vorzeitigen Abbruch einer Intensivbehandlung. Überlegungen zum „Unterlassen durch Tun", zum „Schutzzweck der Norm und zur scheinbaren Rechtsgutverletzung", JZ 1995
Schmoller	Strafrechtliche Reflexionen zur internationalen Euthanasiediskussion, ÖJZ 2000
Taupitz	Sterbebegleitung im internationalen Vergleich, JBl 2001
Wach	Strafrechtliche Probleme des Selbstmords, ÖJZ 1978

FSC
www.fsc.org
MIX
Papier | Fördert gute Waldnutzung
FSC® C083411

Kolibri 360 GmbH
Ferdinand-Jühlke-Straße 7
99095 Erfurt, Deutschland
produktsicherheit@kolibri360.de